育てて楽しみ広がる
多肉植物

河野自然園 監修

成美堂出版

Contents

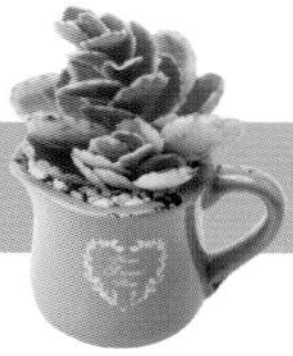

Part 1 多肉植物を知る……11

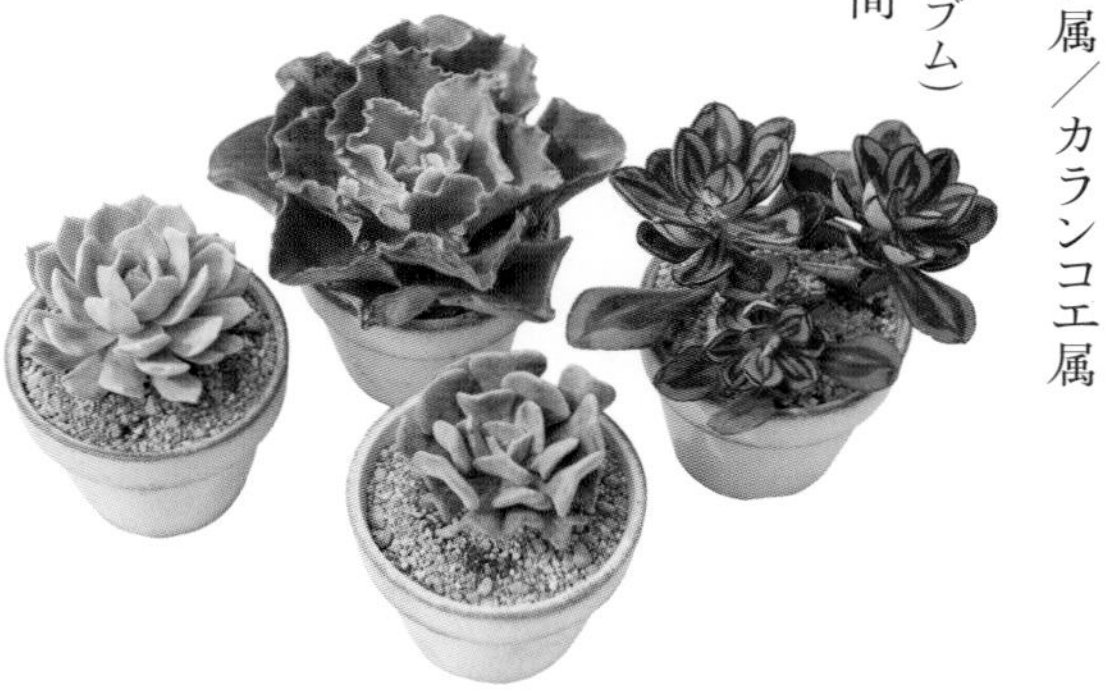

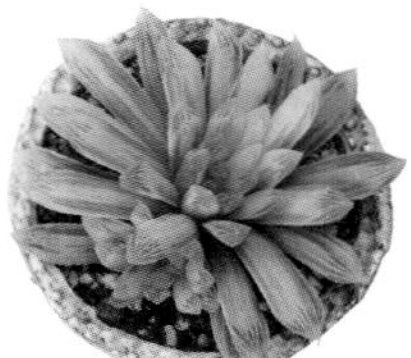

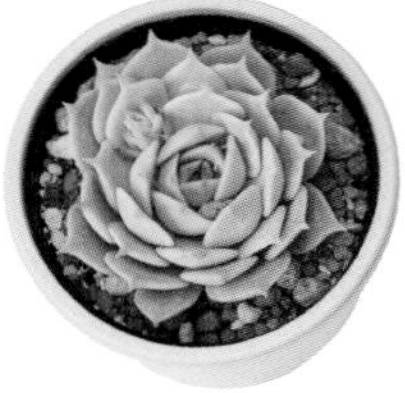

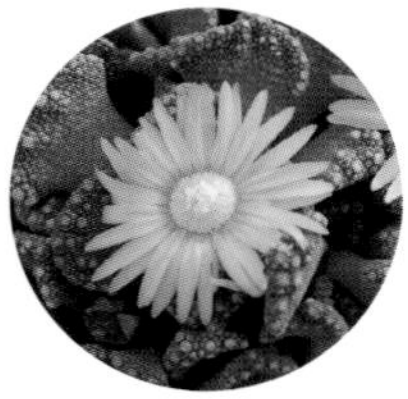

Part 2 多肉植物を育てる……35

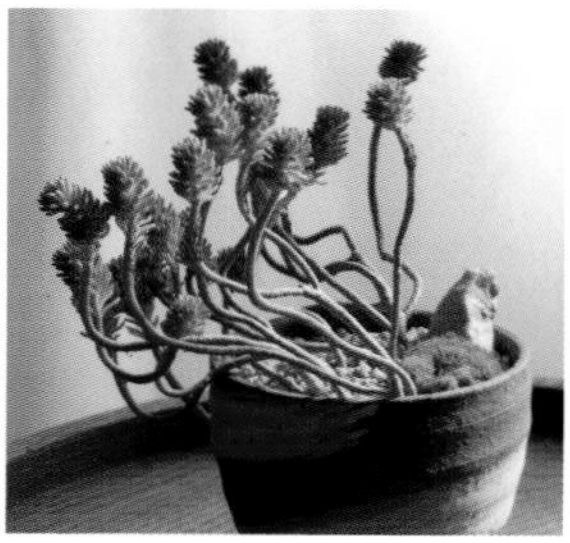

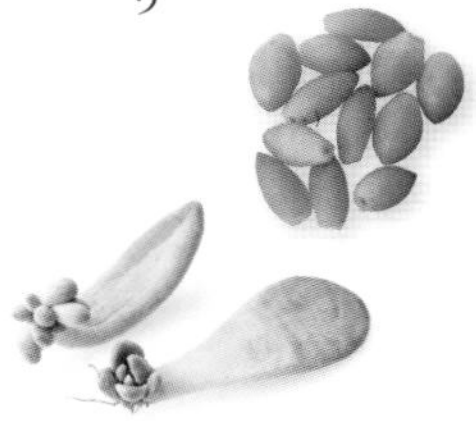

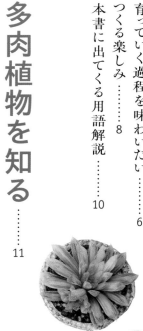

Part 3

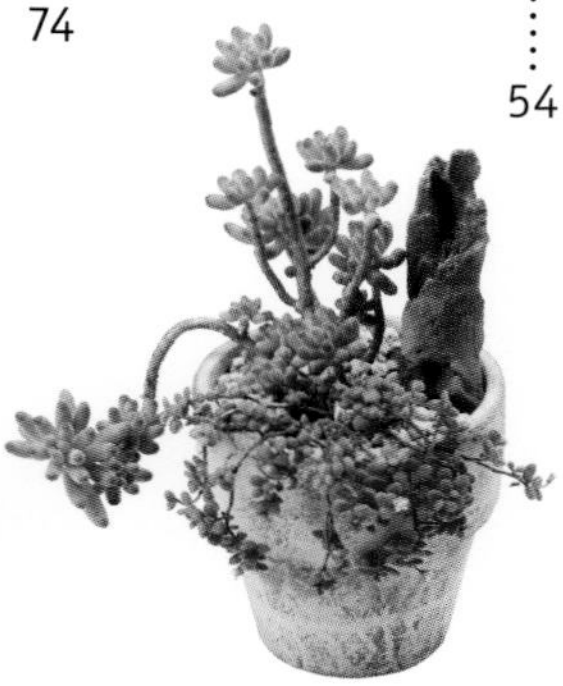

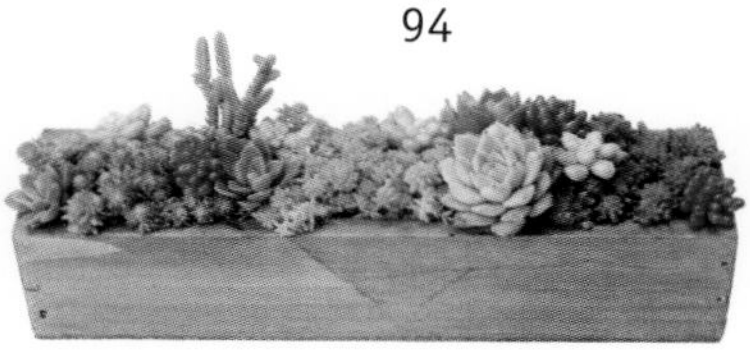

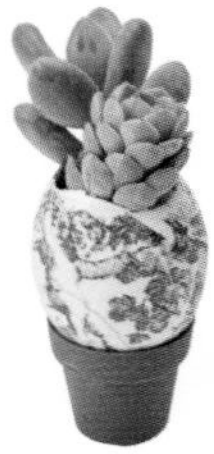

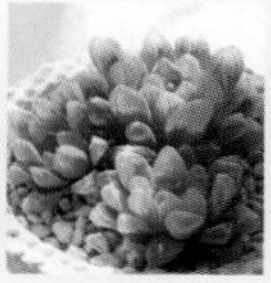

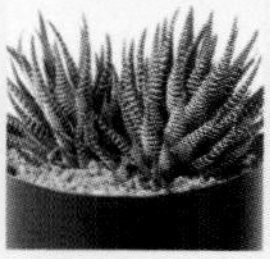

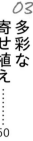

ようこそ、多肉植物ワールドへ

丈夫で育てるのが簡単で
ユニークな形状をした多肉植物は、
身近に楽しめるグリーンとして
近年、人気が高まっています。
なかには造形的な魅力と面白さから
インドアグリーンとして楽しむ人もいるようです。
ただし本来、多肉植物は光や外気を好むため
原則として、屋外で育てるのに向いています。

エケベリア‘レズリー’、エケベリア・プロリフィカ、セダム・ステフコ、セダム‘マジョール’

クラッスラ 紅稚児、クラッスラ 南十字星、セダム・ステフコ、グラプトベリア 白牡丹、セダム・リネアレ バリエガータ

環境が合えば、何年もかけて
少しずつ育っていき
ときには思いがけない姿を見せてくれます。
多肉植物は日々、生きています。
決してインテリアグッズではありません。
本書では、多肉植物をじっくり
健康的に育てながら、
飾る楽しさも提案しています。
長く育てて、自分で増やして——
多肉植物の新たな魅力を発見しませんか？

グラプトペタルム・メンドーザエ、セダム 粉雪、
セダム 黄金細葉万年草、セダム・ステフコ

セダム ‘オーロラ’、セダム ‘パープルヘイズ’、
セダム 黄金丸葉万年草

育っていく過程を
味わいたい

多肉植物は、育つにしたがって
形を変えていくことがあります。
なかには、ちょっと不思議な形状になる場合も。
たとえばこのページのセネシオ 美空《みそら》の鉾《ほこ》は、
斜めに伸びた茎が、帯状に成長し、
まるで生きたアートのような姿をしています。
これは突然変異によるもので、「綴化《てっか》」といいます。
そうした変化も、多肉植物を育てる楽しさのひとつ。
長く手元において、ぜひ育つ楽しみを味わってください。

小さな苗から育てたセネシオ 美空
の鉾。根元近くには、子株が出てい
る。石と組み合わせることで、アー
ティスティックな一鉢に。

苗から数年たった暴れた株を利用した寄せ植え。詳しくはp136。脚立の上はエケベリア‘ブルーバード’。

多肉植物でつくる盆景風の箱庭。
葉形や葉の質感、葉色の変化で豊かな世界観を表現。詳しくはp82。

つくる楽しみ

寄せ植えやリース、箱庭など
多彩な楽しみ方ができるのも、多肉植物の魅力です。
比較的土が少なくても育てられるので、
アイデア次第で、さまざまなものを
器として活用することも可能。
世界でたったひとつのオリジナルな表現を目指して、
〝つくる楽しみ〟を満喫してみませんか。

割れた素焼き鉢を利用した寄せ植え。詳しくはp100。

【本書に出てくる用語解説】

塊根（かいこん）
水分を溜めるために根が肥大化すること。塊根植物はコーデックスともいう。

花茎（かけい）
花だけをつける葉がない茎のこと。

寒冷紗・遮光ネット（かんれいしゃ・しゃこうネット）
防寒、防虫、遮光などの目的で植物を覆う、化学繊維製で網目状の薄い布。

群生（ぐんせい）
親株から多数の子株が生まれ、多くの株が集まって生えること。

原産地・自生地（げんさんち・じせいち）
原産地はもともとの産地。自生地は、原産地ではないけれど人為的な管理なしに自然に繁殖を続けている場所。

交配種（こうはいしゅ）
違う種《しゅ》を掛け合わせて新しい品種をつくること。違う属どうしの種を掛け合わせた場合「属間交配」という。

子株（こかぶ）
親株の根元から出る新しい株。

徒長（とちょう）
日照不足が原因で植物の茎や枝が間延びして成長すること。

根腐れ（ねぐされ）
鉢内の過湿などにより、根が傷んで腐ること。

葉水（はみず）
葉が濡れる程度に軽く水やりをすること。多肉植物の場合、葉水をした後は風通しのよい場所で水分を乾燥させるとよい。

葉焼け（はやけ）
強い日光を浴びたことで葉の細胞が破壊された状態。変色したり、場合によっては枯れることもある。

半日陰（はんひかげ）
明るい屋外で、直射日光が当たらない場所。あるいは一日に数時間、日の当たる場所。遮光ネットで人工的に半日陰をつくることもできる。

斑入り（ふいり）
葉や茎、花弁の一部に葉緑素が抜けた部分が現れる突然変異。学名にvariegataとつく。斑に加えて赤味のある部分も出て3色の場合はトリカラーともいう。斑入りやトリカラーの品種は和名の最後に「錦（にしき）」とつくこともある。

覆輪（ふくりん）
葉や花弁の外側の縁に線状あるいは帯状に斑が入ること。

幹立ち・木立ち（みきだち・きだち）
茎が伸び、株が上に向かって育っていく様子。

窓
ハオルチアなどの葉の上部に見られる透明な葉面のこと。自生地では半分地面に埋まっており、効率よく光を取り込むため葉が一部透明になっている。

木質化（もくしつか）
茎が硬くなり、木のような状態になること。木化ともいう。

ロゼット
茎が短く、葉が放射状につく状態。エケベリアの株姿は典型的なロゼット。

本書の多肉植物名の表記について：記載順は属名、種小名、園芸品種名ですが、属名、種小名を省略していることもあります。園芸品種のうち、国際栽培植物命名に則ったものは‘○○○’のように一重クォーテーションで表記。

Part 1

多肉植物を知る

01 多肉植物とは？

乾燥地向きに進化

葉や茎、根の一部などに水分をたっぷりと溜め込み、ふっくらした多肉質（肉厚）になる植物の総称が「多肉植物」です。砂漠地帯など雨が少ない乾燥地でも生きていけるように進化した結果、「コロコロ」「ぷっくり」したかわいい姿に。なかには石ころみたいなユニークな形のものもあります。

好みの環境を考慮

多肉植物は水やりの頻度が少なくてすみ、育てる手間があまりかからないのも特徴のひとつ。形状の面白さに加え、育てやすいことも、近年人気が高まっている理由のひとつでしょう。

とはいえ、「好みの環境」があります。多肉植物の原産地は、アフリカや中南米、中央アジアなど多岐に渡りますが、乾燥して土壌養

葉色の多様性

多肉植物は品種によって、鮮やかな黄緑色、深緑、青みがかった緑、紫がかった色など、葉色が多様です。また紅葉する品種もあり、秋～早春は鮮やかな赤色になるものもあります。

分が少ない場所が多く、岩場に生える種類も。朝晩の温度差が大きいところが少なくありません。そのため日本の梅雨や高温多湿な夏、寒い冬が苦手な品種もあります。それぞれの品種の特質を知り、好みの環境に近づけると、より健康に美しく育てることができます。

「属」の名前で呼ばれる

多肉植物に関して、「エケベリア」「セダム」「センペルビウム」「ハオルチア」といった名前を聞いたことがあると思います。これらは、生物分類の階級である「属」の名前です。つまり「エケベリア属」「セダム属」の植物、ということです。同じ属でも自生地が世界各地に分布しているため、性質や形状も多様です（科や属については、p139参照）。

また、原種をもとに交配が繰り返された結果、さまざまな品種が生まれました。今も毎年のように、世界中で個性的な新品種が登場しています。そうした多様性も、多肉植物の魅力です。

リプサリス・エワルディアナ

コノフィツム・ペルシダム ネオハリー

エケベリア‘ブルーバード’

多彩な葉形・質感

葉形の多彩さも特徴のひとつ。石ころみたいなものなど、
不思議な形のグループや、葉に透明な“窓”（p10）がある種もあります。
質感も、表面に白い粉がついているものや、
繊毛が生えてビロードのような触感のものなど、さまざまです。

カランコエ 野うさぎ

グラプトペタルム ブロンズ姫

パキフィツム 月美人

セネシオ‘グリーンネックレス’

セダム 虹の玉

クラッスラ‘ゴーラム’

セダム 黄金細葉万年草

カランコエ・プミラ（白銀の舞）

チタノプシス 天女

セネシオ‘グリーンネックレス’

グラプトペタルム 秋麗

パキフィツム 月美人

花も魅力

多肉植物は葉が注目されがちですが、花も見逃せません。
エケベリアはベル状の花が可憐ですし、
ポーチュラカやチタノプシスなど華やかな花が咲くものも。
花が咲いても、花がない時期も「見時」。それが多肉植物です。

カランコエ
胡蝶の舞

ポーチュラカ・
ウェルデルマニー

エケベリア・
パーパソルム
‘グリーンギルバ’

クラッスラ 紅稚児

エケベリア
‘クリスマスイブ’

3つの生育型

多くの植物は、活動が活発な生育期と活動を緩める休眠期を繰り返しながら成長していきます。植物を栽培する際、そのサイクルに合った管理をすると健康に育ちます。
多肉植物は北半球から南半球までさまざまな地域で自生するため、日本で栽培する場合には、大きく「春秋型」「夏型」「冬型」の3つの生育型（生育のサイクル）に分けることができます。原則は「生育期には水や肥料を与える」「休眠期は水や肥料は控える」。p138からの図鑑には生育型や栽培カレンダーも記載しているので、参考にしてください。

エケベリア こころ

クラッスラ 紅葉祭り

春秋型

《特徴》 春と秋に生育します。夏は生育が緩慢になり半休眠期に。冬は成長を休みます。

《育て方のポイント》 春〜秋は風通しのよい屋外の日向で管理し、土が乾いたらたっぷり水やりをします。真夏は水やりを控えめにし、冬は月に1〜2回水をやる程度に。休眠期に入ったら室内へ取り込みましょう。

代表的な属……エケベリア、クラッスラ、セダム、センペルビウム、ハオルチア、パキフィツム

夏型

《特徴》 春から秋にかけて生育しますが、真夏は生育が緩慢になります。冬は生育を休みます。

《育て方のポイント》 春は風通しのよい日向で管理を。夏は屋外の明るい半日陰がベストです。11月から夜間のみ室内に取り込み、冬の休眠期間は水やりを控えて、温室や室内の窓辺などで管理しましょう。

代表的な属……アガベ、アロエ、カランコエ

カランコエ・ミロッティ

冬型

《特徴》 秋〜春が生育適温ですが、5℃未満は苦手です。夏は生育を休みます。

《育て方のポイント》 4月〜秋は屋外の風通しのよい半日陰で管理し、6〜9月は水やりを控え、雨の当たらない場所に置きます。夏の間、乾燥に弱いものは、夕方〜夜に葉水を。11月に入ったら、室内に取り込みます。

代表的な属……アエオニウム、オトンナ、コノフィツム、セネシオの一部、リトープス

コノフィツム 小笛

リトープス 李夫人

02

代表的なグループ

多肉植物を含む属は300を超えますが
ここではポピュラーでよく目にする属の特徴を紹介します。

黒法師《くろほうし》

夕映《ゆうば》え

リンドレー

アエオニウム属

Aeonium

ベンケイソウ科

生育型:冬型(一部、春秋型)

原産地:カナリア諸島、東アフリカ、アラビア半島

《特徴》

スペインのカナリア諸島が主な原産地。伸びた茎の先端に葉がロゼット状になる品種が多く、灌木のような趣が特徴。茎が伸びない品種のなかには、葉が円盤状に広がるものも。黒紫色や斑入りなど、葉色が豊富です。属名はaionion(ギリシャ語で永遠に)に由来。

《育て方のポイント》

日照が足りないと葉色が悪くなりますが、夏の直射日光は苦手。蒸れに弱いので長雨に当たらないように気をつけ、梅雨~夏の間はとくに風通しのよい場所で育てましょう。冬は霜に当てないように。

高砂《たかさご》の翁《おきな》

紅司《べにつかさ》

‘ブルーバード’

‘キュービックフロスト’

エケベリア属

Echeveria

ベンケイソウ科

生育型：春秋型

原産地：中米の高地

《特徴》

葉がロゼット型になりバラの花のような形になることから、「多肉植物界のバラ」と呼ばれることも。原産地はメキシコを中心とした中米で、原種から交配種まで種類も豊富です。秋に紅葉する品種もあります。可憐な花も魅力。

《育て方のポイント》

夏の高温多湿と冬の寒さが苦手。春～秋は、日当たりと風通しがよい屋外で管理を。軒下など、なるべく雨の当たらない場所に置きましょう。葉の中心に水が溜まると傷みやすいので、ブロワー（P26参照）やストローなどで飛ばしましょう。

みどり牡丹

‘クリスマスイブ’

月兎耳《つきとじ》

プミラ
（白銀の舞）

カランコエ属 Kalanchoe

ベンケイソウ科

生育型：春秋型、夏型

原産地：マダガスカル島、アフリカ東部・南部、アラビア半島、東アジア、東南アジア

蒼《あお》い真珠《しんじゅ》

黒錦蝶《こくきんちょう》

《特徴》

マダガスカル島を中心に、アフリカ東部・南部、アラビア半島、東南アジア、中国などに分布。葉の表面に繊毛が生えていたり、紫や褐色の斑点があるもの、切れ込みが入るものなど、葉の表情は多彩です。サイズも小型のものから高さ1mを超えるものまでバリエーションに富んでいます。

《育て方のポイント》

寒さが苦手な品種が多いので、冬は10℃以下にならないように管理します。冬の休眠期は、水やりをせず、月に1～2回、葉水を与えます。

クラッスラ属
Crassula
ベンケイソウ科

生育型：春秋型、夏型、冬型
原産地：世界各地

《特徴》
原産地は主に南アフリカ。原産地の気候がさまざまなので、日本で育てる場合は品種によって春秋型、夏型、冬型の3パターンにわかれます。葉形や葉色も多彩で、小さな葉のものから、大きな葉のものまであり、美しく紅葉する品種もあります。

《育て方のポイント》
日当たりと風通しのよいところで管理します。春秋型の品種は夏の高温多湿が苦手なので、直射日光を避けて明るい日陰などに置き乾燥気味に。紅葉する品種は気温が下がったら、日に当てましょう。

紅稚児《べにちご》

神刀《じんとう》

赫麗《かくれい》

ビアホップ
(姫玉つづり)

黄金《おうごん》細《ほそ》葉《ば》万年草《まんねんぐさ》

白雪《しらゆき》ミセバヤ

セダム属

Sedum

ベンケイソウ科

生育型:春秋型、夏型、冬型

原産地:世界各地

《特徴》

世界各地に自生し、日本にも自生種が多くあります。一年中葉が絶えないことから、和名は「万《まん》年草《ねんぐさ》」。細かい葉が密生するものから、ぷっくりした葉のタイプなど多様で、丈夫で暑さ寒さにも強いものが多く、寄せ植えでも活躍します。美しく紅葉する品種もあります。

《育て方のポイント》

日当たりと風通しのよい屋外で管理を。夏の直射日光が苦手なので、明るい日陰に置くかネットなどで遮光します。関東以西であれば、屋外で冬越しできる品種も多くあります。

丈夫で育てやすい小葉のセダム

'マジョール'

'オーロラ'

センペルビウム属
(センペルビブム)
Sempervivum

ベンケイソウ科

生育型：春秋型（冬型に近い）
原産地：ヨーロッパ、中央アジア、中東の山岳地帯など

《特徴》

ヨーロッパの山岳地帯から中東の高地など、比較的寒冷な地域で広く自生しています。端正なロゼット型の姿が魅力で、紅葉するものも多く、マット状に群生します。属名はラテン語のsemper（常に）とvivum（生きている）に由来します。

《育て方のポイント》

生育期は日向～半日陰で管理。寒さと乾燥に強く、国内のほとんどの地域で通年屋外の栽培が可能です。夏の高温多湿に弱いので、夏は直射日光を避け、雨が当たらない軒下などで管理を。

ハオルチア属

Haworthia

ツルボラン科

生育型：春秋型　原産地：南アフリカ

《特徴》

南アフリカ、ナミビア、モザンビークなどの自生地では、岩陰や木の根元などで生息します。園芸では、半透明な〝窓〟（P10）がある「柔葉系」と、硬い葉を持つ「硬葉系」、葉に白い毛がついている「レース系」などに分けられます。

《育て方のポイント》

直射日光に弱いので、軒下など風通しのよい明るい半日陰で育てます。春と秋の生育期は、土が乾いたらたっぷりと水やりを。冬は5℃以上を保てるところで管理します。室内の窓際で育てることも可能です。

十二《じゅうに》の巻《まき》

オブツーサ

スプレンデンスhyb.

ピリフェラ錦

オブツーサ

フォーカリア 怒涛《どとう》

メセンの仲間

Aizoaceae

ハマミズナ科

生育型：冬型

原産地：南アフリカ

リトープス 李夫人《りふじん》

《特徴》

ハマミズナ科の多肉植物を総称して、「メセンの仲間」「メセン類」と呼びます。日本では「女仙」という漢字が当てられ、長く親しまれてきました。１２０を超える属があり、多くが南アフリカやナミビアなどに分布しています。なかでもリトープス属やコノフィツム属など、小石や足袋のような形状で、年に一度脱皮する品種が人気です。

《育て方のポイント》

夏の休眠期は水やりを控え、雨が当たらない風通しのよい半日陰で管理します。冬は霜に当てないように。

コノフィツム・ペルシダム
ネオハリー

コノフィツム 秋映《あきば》え

コノフィツム 小笛《こぶえ》

03 苗を入手する

管理のよい店で買う

よく日が当たり、風通しのよい状態で管理しているお店で苗を購入しましょう。よい環境で管理されていると、購入後も健康に育ちます。長期間、日照不足の状態に置かれた苗は、すぐに日を当てると「葉焼け」する場合もあります。

最近はインテリアショップなどでも見かけますが、できれば専門店や園芸店など、栽培方法を聞けるスタッフがいるお店で購入することをおすすめします。通信販売を利用する際は、生産者や信頼できるショップから購入しましょう。

春か秋がおすすめ

一年を通して売られていますが、春と秋は多くの品種が店頭に並ぶので、たくさんの苗のなかから選ぶことができます。また、春と秋は管理がしやすく、新たに栽培を始めるのにもよい時期です。

紅葉する品種は4月半ばを過ぎると色が抜けてしまいます。色づいている季節に購入すると、本来の発色を確かめることができます。

目的に合った苗を買う

一鉢に1株を植えて楽しむ際は、ある程度の大きさまで育った苗だと、すぐに充実した姿を楽しむことができます。一方、寄せ植えなどをつくる際は、作品のサイズによっては小さな苗を選んだほうが使いやすい場合もあります。

最近はホームセンターや通信販売で、「カット苗」やミニ鉢に挿し穂をしたばかりの苗が売られています。そうした苗は、そのまま1カ月ほど育てて根を出してから寄せ植えに使うほうが安心です。

名札は保管しておくように！

品種名を知っておくと、育て方のヒントになります。多肉植物を購入する際は品種名のタグがついているものを選びましょう。一鉢1株の場合は、土にタグを挿しておくように。寄せ植えなどに使う場合は、タグがついた苗をスマホなどで撮影し保管しておくと便利です。

あえて経年の苗を選ぶ

日照不足などで徒長しているのではなく、もともと茎が伸びる性質の品種もあります。そういった品種は、よい環境で管理されていても、数年そのままにしておくと茎が不思議な形に伸びる場合も。通常、「そういう苗は購入しないように」といわれますが、あえて造形的な面白さに注目するのも、多肉植物の新しい楽しみ方です。

葉が小さく紅葉が美しいクラッスラ・ブロウメアナ。

セダム 乙女心は茎が伸びやすい品種。1年半でこんな姿に。

セダム 乙女心の枝ぶりを生かした寄せ植え。詳しくはp54参照。

作品によっては小さな苗を

多肉植物の寄せ植えやリースなどをつくる際、作品によっては、ミニサイズの苗が活躍します。ミニサイズの苗なら植える際に株分けなどの必要がなく、緻密で繊細な表現にも向いています。また、価格が安い点もメリットです。本書ではp52以降、さまざまな作品のつくり方をご紹介していますので、参考にしてください。

ミニプラ鉢に植えられた小さな苗。写真は2月の様子。

デコパージュした卵の殻に小さな苗を植えた作品。詳しくはp120。

苗を選ぶ際のポイント

1

色褪せしておらず葉の色《いろ》艶《つや》がよい

葉の色が薄くぼけているものは避け、ひとつひとつの葉に張りがあり、色艶のよいものを選びましょう。

2

下葉が落ちたりしていない

茎が徒長し、下葉が落ちた状態の苗は避けましょう。虫がついたり病気がないかもチェックを。

3

葉と葉の間がつまっている

葉と葉の間が間延びしたものは避け、葉と葉の間がつまり、引き締まった株姿の苗を選びましょう。

04 揃えておきたい道具

細かい作業向きの道具を

特別な道具は必要ありませんが、ピンセットとハサミは必需品です。筒型土入れは鉢のサイズなどによって使い分けられるよう、サイズ違いを何種類か揃えておくと、寄せ植えなどをつくる際に重宝します。ごく細いタイプの筒型土入れが手に入らない場合は、小型のスプーンでも代用できます。

水やりの道具

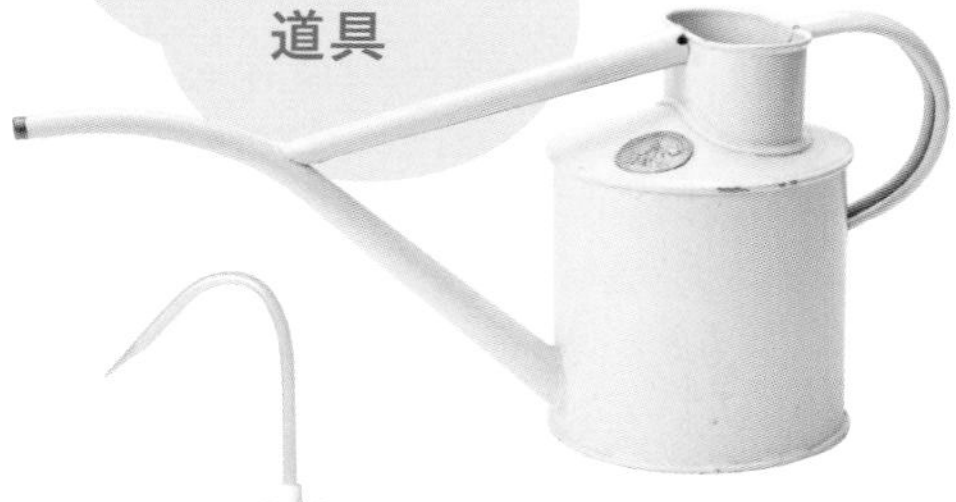

ジョウロ

多肉植物には口が細い小型のものが向いています。

ボトル

小さな寄せ植えなど、狭い場所に水やりをする際に便利。

スプレー

小さな鉢の水やりや葉水を与える際に使います。

植える際に使う道具

割りばしなど棒状のもの

寄せ植えなどの際、植えつけ時に土中の隙間をなくすために使います。

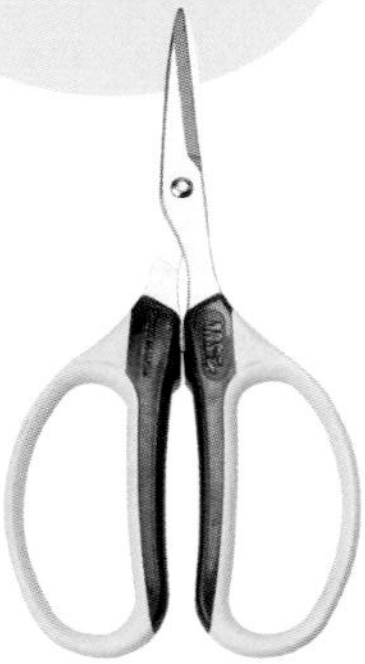

ハサミ

刃が細い園芸ハサミは、徒長した枝をカットしたり、挿し芽などに便利。よく切れるものを使いましょう。

スプーン

植えつけの際、小型の筒型土入れの代わりになります。

ピンセット

小さい苗の植えつけは、ピンセットで行います。

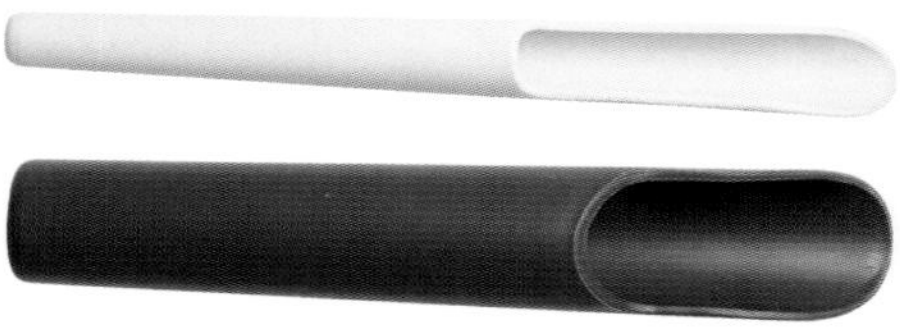

筒型土入れ

小型で細身のものは、細かい作業向き。

※手袋もあるとよい。

あると便利!

ブロワー

ブロワーは、もともとはカメラの道具で、空気で埃を飛ばすために使います。多肉植物栽培では、葉に溜まった水を飛ばしたり、植えつけの際に葉についた土を飛ばすなど、便利に使えます。

スプレーで水やり後、葉に溜まった水を飛ばしているところ。

05 基本の土

「水はけよく」が原則

多肉植物は乾燥する地域原産のものが多く、休眠期には株全体を乾燥気味にさせたほうがよいので、一般の草花用培養土より水はけのよい用土を好みます。用土は赤玉土や鹿沼土など、排水性や保水性、通気性のよい土をベースに、パーライトや川砂、くん炭などの改良用の用土を配合してつくります。

専用土にひと手間かける

最近は多肉植物用の専用培養土が売られており、栽培初心者はこうした用土を使うと便利です。ただ「多肉植物・サボテン専用培養土」はサボテンにも向くように配合していることから水はけがよすぎ、保水力・保肥力が弱い場合があります。一般の植物用培養土を25～50％混ぜると、育ちがよく、管理もしやすくなります。

草花用の培養土

水はけ、保水性、保肥力のバランスがよく、適度に肥料分も配合されている。

多肉植物・サボテン専用培養土

水はけを優先した専用培養土。忙しくて水やりを忘れがちな人には、水切れの心配も。

草花用培養土	:	専用培養土
0.5～1		1

多肉植物・サボテン専用培養土に、一般の草花用培養土を25～50％加えたもの。適度に保水力・保肥力が増し、多肉植物がよく育ちます。

用土A

多肉植物全般に

用土B

多肉植物以外の植物と一緒に植える場合

多肉植物以外の植物と一緒に植える場合は、保水力を高めたほうがよいので、一般草花用培養土を多めにします。

草花用培養土	:	専用培養土
2～3		1

06

基本の植え方

購入した苗を、一鉢につき1苗植える際の植え方です。
用土に肥料が含まれている場合、元肥は必要ありません。

グラプトペタルム 白牡丹　セダム 黄金細葉万年草　カランコエ 胡蝶の舞錦

【エケベリアタイプ】

ほぼすべての多肉植物が、この植え方で大丈夫。
1～2年に一度行う鉢増し（ひとまわり大きな鉢に植え替える）や
植え替えの際も、この方法で行います。

植え方

1 鉢の底に穴が隠れる大きさに切った鉢底網を敷く。

用意するもの

鉢
（直径8cm×
高さ7.5cm）

マルチング用の
軽石（小粒）

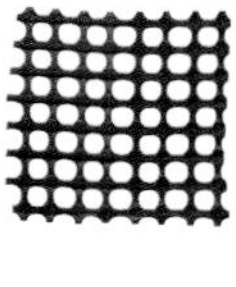

鉢底網

- 用土A（p27参照）
- スプーンか小型の筒型土入れ
- 割りばしなど
- 水やり用ボトル

植える植物

グラプトペタルム
白牡丹

2 鉢の1/4くらいの深さまで土を入れる。

3 根鉢の大きさにもよるが、だいたいこのくらい。

4 ビニールポットを斜め下に向け、そっと苗を抜く。

5 根鉢を崩さず、そのまま鉢に入れる。

6 鉢の縁から1～1.5㎝ウォータースペースを取り、根鉢と鉢の間に用土を入れる。

7 割りばしなどで土を突いて土中の隙間をなくす。土が沈んだら足す。

8 マルチングは、してもしなくてもよい。

9 口の細いジョウロかボトルで、鉢底から流れるまで水をやる。

フェディムス‘ドラゴンズブラッド’

【葉が細かいセダムタイプ】

黄金細葉万年草や丸葉万年草など、葉が細かいセダム等は
鉢の大きさに合わせて株分けをして植えます。
根が硬くて手で株分けできない場合は
ハサミで根を切るようにします。

植える植物

セダム
黄金細葉万年草

用意するもの

鉢
（直径8cm×高さ7.5cm）

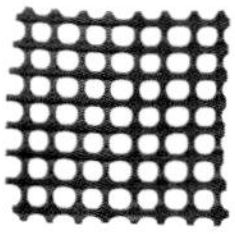

鉢底網

- 用土A（p27参照）
- スプーンか小型の筒型土入れ
- ハサミ

植え方

1 鉢の穴が隠れる大きさに切った鉢底網を敷く。

2 鉢の¼くらいの深さまで土を入れる。

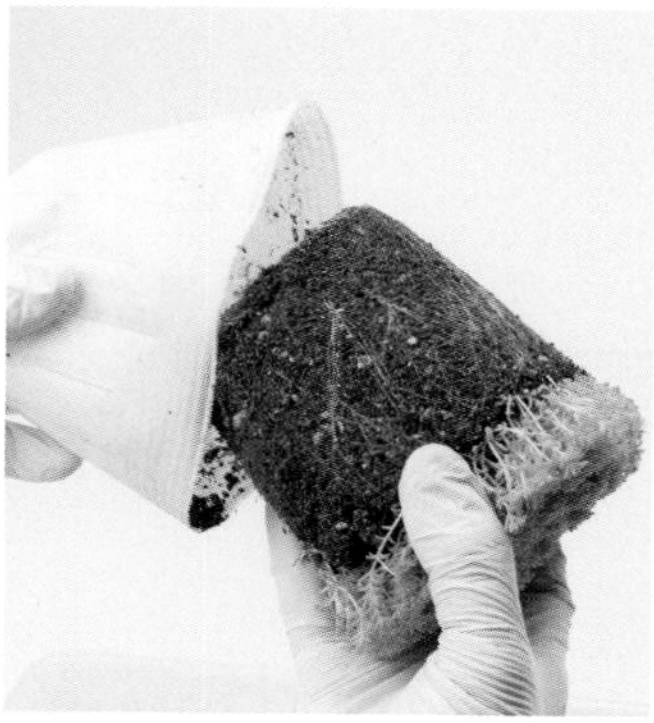

3 ビニールポットを斜め下に向けて苗をポットから抜く。

4 鉢の大きさと根鉢を比べ、どのくらい切るか見当をつける。

5 鉢に入れた土の高さを考慮して、根を切る。

6 鉢の内径を考慮して、縦にハサミを入れて根を切る。

7 根の上部を軽く握って固めて、円柱形にまとめる。

8 鉢に根鉢ごと入れる。

9 縁まで土が入っているか確認。隙間がある場合は用土を足す。

左：セダム 宝珠、セダム・ステフコ、セネシオ グリーンネックレス（斑入り）　右：チタノプシス 天女

【底に穴がない器に植える】

底に穴があいていない容器は、ゼオライトを使用すると鉢代わりに利用できます。ゼオライトは多孔質構造の鉱物の一種で、植物の根に空気を与えて根腐れを防ぎ、水質改善の効果も。ミリオンAなど園芸用に特化した製品があります。

植え方

1 器の底が隠れるくらいゼオライトを入れる。

2 ゼオライトを入れたところ。

3 器の$\frac{1}{4}$～$\frac{1}{3}$を目安に用土を入れる。

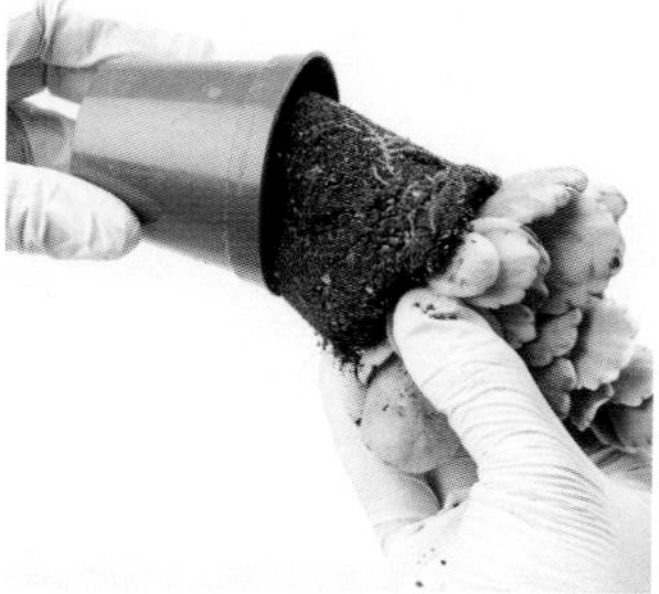

4 プラ鉢を斜め下に向けて、そっと苗を抜く。

植える植物

カランコエ
胡蝶の舞錦

用意するもの

器（直径9cm×高さ8cm）

ゼオライト

マルチング用
軽石

● 用土A（p27参照）● スプーン
● 割りばし ● 水やり用ボトル

5 軽く根をほぐして、器に入れる。

6 器と根鉢の間に土を入れる。

7 割りばしなどで土を突き、土中の隙間をなくす。

8 土が隠れるよう、マルチング用軽石を敷く。

9 土の表面が湿る程度の水を入れる。

こんなとき、どうする？ Q&A ①

多肉植物を育てるうえでの悩みや疑問にお答えします。

Q 植え替えは、どんなタイミングですればよいですか？

A 植え替えは1～2年に1度が目安。原則として生育期に行います。鉢底の穴から根が出てきたら、根が回っているサインです。そのままにしておくと根詰まりすることがあるので、その場合はひとまわり大きな鉢に植え替えましょう。この作業を「鉢増し」と呼ぶこともあります。また品種によっては子株が増えて、鉢がぎちぎちになることも。その場合は鉢から抜いて親株と子株を分け、それぞれ植え直します。

Q 寄せ植えをつくる場合は、生育型を揃えるべきでしょうか。

A 原則として、生育型（p15）を合わせるのが理想です。比較的春秋型の品種が多いので、春秋型のものを合わせるのが楽でしょう。ただし、あまり「生育型を合わせる」ことに神経質になると、作品をつくるのが億劫になりかねません。環境などが合わずに枯れてしまった品種があれば、他のものに植え替えるなど、柔軟に対応してみてはいかがでしょう。

Q 紅葉するはずの品種が色づきません。どうしてでしょうか。

A セダム 虹の玉やクラッスラ 火祭りなどは、本来は鮮やかな赤色に紅葉する品種です。ただし、寒くなるまでに日光にしっかり当てて光合成をたくさんさせ、十分低温に当てないと、赤く色づきません。室内や日当たりの悪い場所で育てて日照が不足していたり、秋になっても置いてある環境の温度が高めだと、緑のままの場合があります。一年を通してやや乾燥気味に育て、とくに気温が下がってきたら水やりを減らすのも、美しく色づかせるコツです。

クラッスラ 火祭り

セダム 虹の玉

Part 2

多肉植物を育てる

01 〝育つ〟を味わう

仕立て直して姿を整える

多肉植物のなかには、茎がよく伸びる性質を持った品種があります。多肉植物を扱った本などでは、「伸びたら切って挿し芽をして仕立て直す」ことをおすすめしていることが多いようです。仕立て直すことで、整った姿を保つことができるからです（仕立て直しの方法はP44～49参照）。

暴れた姿も造形的

一方で、その植物がもともと「伸びる」品種なら、「自然に伸ばして育てる」方法もあります。その結果、株が暴れたとしても、それはそれで造形的に魅力的ですし、まるで生きたアートのようです。

ただし、日照不足で徒長させるのは感心しません。十分に光を当て、その植物本来の伸びやかな姿を楽しんでください。

伸ばして海岸の松のように

セダム 小松緑

セダム 小松緑はよく分枝する太い枝の上に細かい葉をつける、小型の灌木セダム。和名が示している通り、小さな松のような姿が魅力です。日の当たるほうに向かって伸びる性質を利用して、枝ぶりをコントロールすることも可能。

オブジェ風に育てる

セダム 虹の玉も、茎が伸びやすい品種。鉢にぎゅうぎゅうに増えて茎も伸びた場合は、一部を茎が伸びたまま植え替えてオブジェのように楽しみ、残りは伸びた枝の先をカットして挿し芽で増やすのもおすすめです。

セダム 虹の玉

植え込んで3年目のハンギング

セネシオ 美空の鉾 変化に注目

セネシオ 美空《みそら》の鉾《ほこ》は、茎が太くなり、よく伸びるタイプの多肉植物です。ときには茎がこの写真のように帯状になることも。よく育つと、原産地マダガスカルの風景を思わせるダイナミックな姿を楽しむことができます。

①セネシオ 万宝
②クラッスラ 新花月錦
③グラプトペタルム 都の霞
④セダム 黄金丸葉万年草
⑤グラプトペタルム ブロンズ姫
⑥エケベリア ‘パールフォンニュルンベルグ’
⑦エケベリア 花の相府蓮
⑧ポーチュラカ・ウェルデルマニー
⑨セダム・プラエアルツム
⑩セネシオ 三日月ネックレス
⑪オトンナ ‘ルビーネックレス’
⑫グラプトペタルム 秋麗
⑬セダム 虹の玉
⑭カランコエ 仙人の舞

植え込んでから2年以上たち、万宝やブロンズ姫、虹の玉などはかなり伸びて、面白い枝ぶりに。のびのびと育ち、つくりたてとはまた違った造形的な魅力があり、生きたアート作品のような趣があります。三日月ネックレスなど、伸びすぎた場合は適宜カットしています。

02 置き場所

原則は屋外

多肉植物は「日照」と「風通し」を好みます。そのため冬の低温期を除き、ベランダなど屋外で管理するのが理想的です。どうしても屋内で育てたい場合は、窓際などに置いて通風と光を確保しましょう。また光に関しては植物育成用ライトで、通風はサーキュレーターなどで、環境を補うこともできます。

長雨に当てない

多くの多肉植物は、乾燥気味の気候を好みます。また、高温多湿が苦手なものがほとんどです。ベランダや軒下で管理するなど、なるべく雨が当たらない場所で管理しましょう。とくに梅雨の長雨には当てないように。

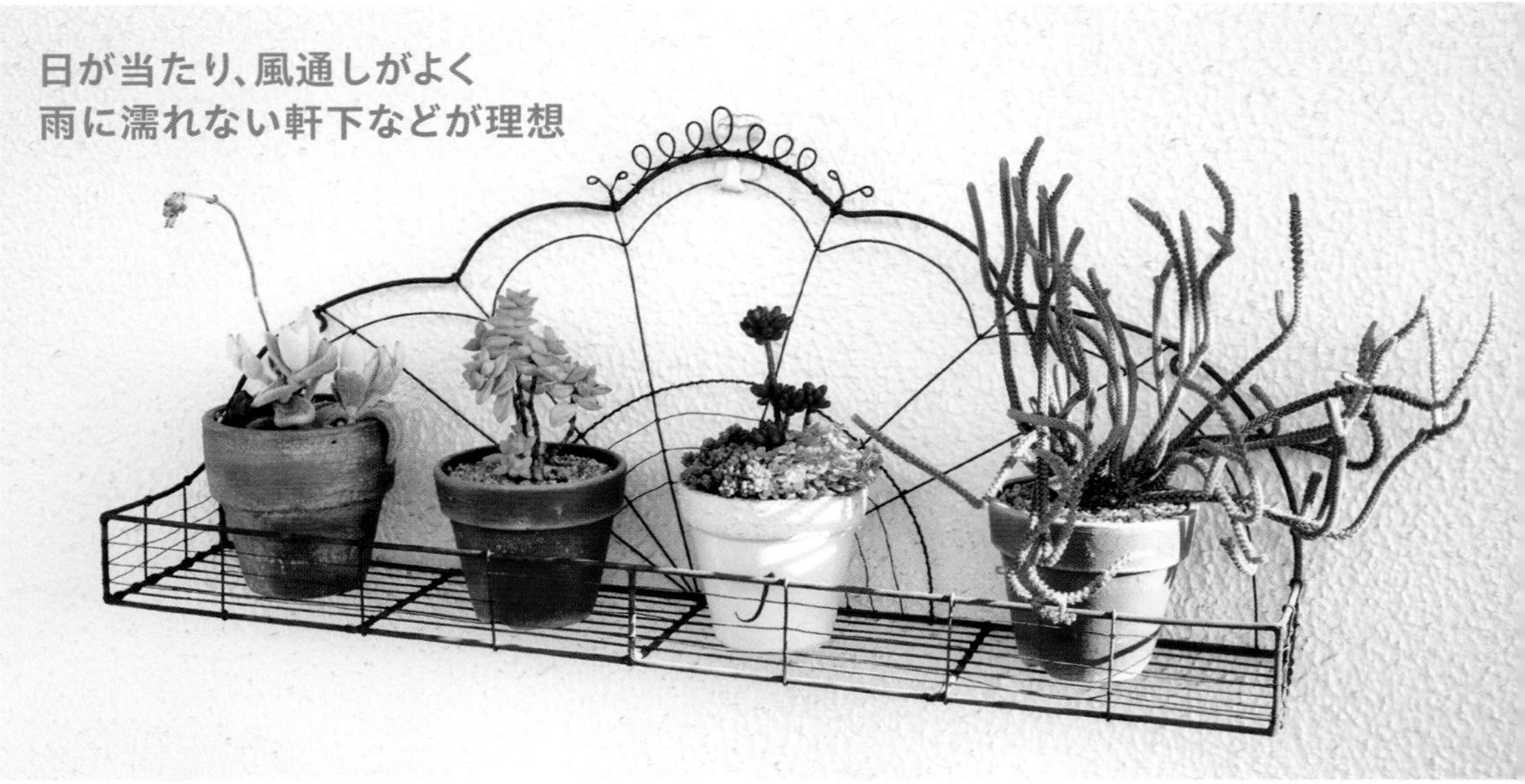

日が当たり、風通しがよく 雨に濡れない軒下などが理想

軒下やベランダなどで管理する場合、風通しをよくするため、地面や床面に直接置かず棚を利用することをおすすめします。とくにベランダの床は、鉢に暑さ寒さが直接伝わりやすいので、ラックなどを利用しましょう。

冬は室内の窓際など光が入る場所で

「夏型」の多肉植物は、気温が5℃になる前に室内の明るい窓辺などに移します。また、写真のように透明な“窓”がある軟葉系ハオルチアは直射日光が苦手なので、屋外の半日陰で防寒するか、直射日光が当たらない明るい窓辺で管理を。

03 夏と冬の管理

夏の直射日光を避ける

多肉植物は一般的に光が好きですが、夏の強い直射日光は葉焼けの原因になります。遮光するか涼しい木陰や軒下などで管理して、直射日光を避けましょう。また生育パターンが冬型の多肉植物のなかには、高温が苦手なものもあります。風通しのよい涼しい場所に移動させましょう。

寒さに弱い品種は冬室内で

多くの多肉植物は、霜に当たったり凍結すると葉が傷み、場合によっては腐ってしまいます。霜が降りる前に日当たりのよい軒下などに移すか、室内の窓辺に置きましょう。室内で育てる場合は、暖かい日の日中は外に出し、十分に日に当てるようにします。

寒さに強い品種も霜には注意を

夏型は最低気温が5℃を切ったら、室内の窓辺に移動を。ただし急に暖かい部屋に置くのはNG。春秋型と冬型は氷点下に下がらなければ屋外でも管理できますが、夜間は不織布をかけておくと安心です。

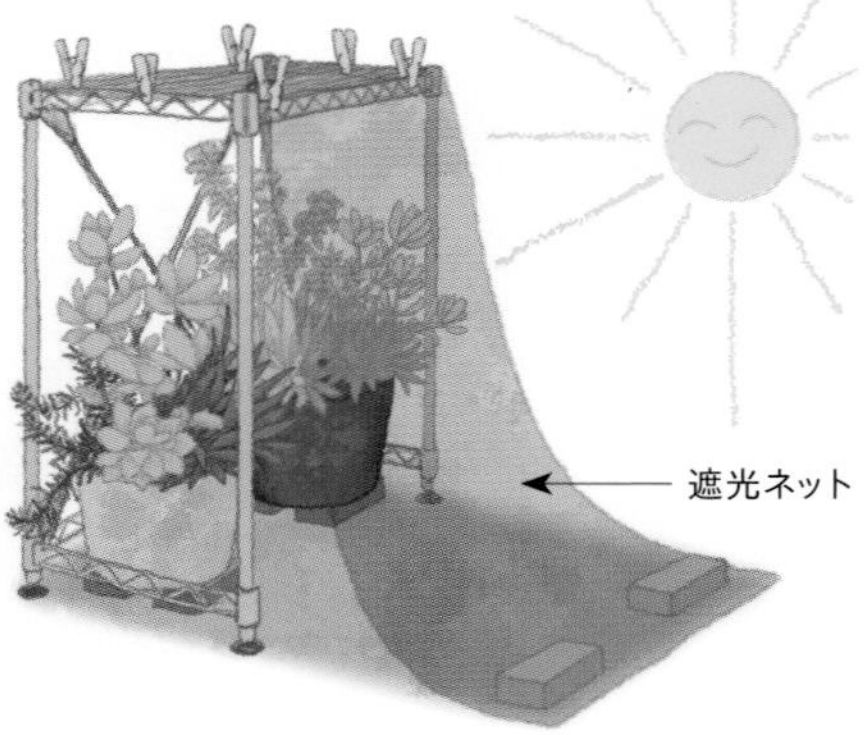

直射日光が当たる場合は遮光を

軒下など多少日差しがあり、日中は日陰になる場所に置くか、遮光ネットを使いましょう。ベランダの床は暑くなりやすいので、直接鉢は置かないように。

フレーム代わりにもなる容器

写真のガラス入りの容器は、アンティークのキャンドルホルダー。そのなかに、脚つきの器に植え込んだ寄せ植えを飾っています。外側の容器はガラス張りなので、冬は簡易フレームにもなります。工夫次第でこんなふうに「見せながら管理」することができるのも、多肉植物の魅力。風通しを確保するため、日中は扉を開けるか、寄せ植えを外に出して光と風に当てるように。なお、この寄せ植えについて詳しくはp108を参照。

04 水やり

めりはりをつける

水やりは「土がしっかり乾いてから、鉢底から流れ出るまでたっぷりと」が基本です。鉢底から流れるまで与えると、鉢内の老廃物などを流すことができます。

土の乾燥具合は慣れないとわかりにくいので、割りばしや竹串を挿しておくのもひとつの方法です。抜いてどこまで濡れているかを確認し、土の状態が把握できます。生育型を確認し、休眠期は水やりを控えるのもポイントです。

葉に水を溜めない

水やりはなるべく朝に行います。とくに夏は、日中に水やりをすると鉢内の水分の温度が上がることがあるので注意しましょう。また葉の上に水が溜まると葉が傷んだり病気の原因になるので、溜めないようにしましょう。

小ぶりのジョウロで

多肉植物の水やりは、葉を濡らしにくい口が細いジョウロが向いています。

水切れのサインを見逃さない

葉がシワシワになっているのは、水切れのサインです。シワを見つけたら、たっぷりと水やりしましょう。

土の表面が狭い場合は洗浄ボトルが便利

寄せ植えなど鉢の縁まで植物がある場合は、チューブ式のボトルが便利です。

エケベリアに溜まった水などはブロワーで飛ばす。

スプレーでたっぷり水やり。

ミニサイズの寄せ植えはスプレー＋ブロワーで

小型の寄せ植えなどは、スプレーで水やりすることも可能です。その場合、かなり何度もスプレーしないと土がしっかりと湿りません。なお葉についた水は、ブロワーで飛ばしましょう。

05 病害虫対策

早期発見と防除が決め手

多肉植物は他の植物に比べると病害虫は少ないですが、皆無ではありません。コナカイガラムシやアブラムシなど、旺盛に繁殖する害虫もいます。よく観察して早期に発見し、水で流したりスプレー式の殺虫剤で駆除しましょう。ハダニやヨトウムシの幼虫など葉を食べたり汁を吸うタイプの害虫には、浸透移行性の殺虫剤がおすすめです。植えつけや植え替えの際、用土に混ぜておけば、薬効の期間中はほぼ防除できます。

過湿や蒸れ、日照不足は、すす病や軟腐病などの原因にもなります。風通しよく育て、休眠期の水やりは控えることが大切です。

代表的な浸透移行性薬剤のオルトラン粒剤

代表的な病気

すす病

葉や茎がすすのような黒いカビで覆われる。

【予防】アブラムシやカイガラムシの排泄物に発生するので、害虫駆除を怠らないように。

軟腐病《なんぶびょう》

葉や茎、花芽などの傷口から細菌が入り、ひどくなると腐敗して悪臭を放つ。

【予防】発見したら、その部分を切り取り、殺菌剤で消毒。ハサミやナイフは清潔に保つ。風通しや日当たりを確保。仕立て直しなどは晴れた日に。

代表的な害虫

カイガラムシ

ハダニ

カイガラムシ、コナカイガラムシ

風通しが悪かったり日照不足だと発生しやすい。葉、茎、花茎から汁を吸い生育を妨げる。

ハダニ

体長約0.5㎜。新芽を吸汁し、生育を妨げる。

アザミウマ

4～10月に発生しやすく、新芽や花芽から汁を吸い生育を妨げる。

アザミウマの吸汁跡

ナメクジの食害跡

ナメクジ

6～7月など雨の多い時期に発生し、夜間に食害する。見つけ次第捕殺を。

ヨトウムシ（幼虫）

6～7月など雨の多い時期に発生し、集団で葉を食害する。

アブラムシ

春と秋に多く発生。新芽など、やわらかい部分の汁を吸う。

06 肥料

肥料は控えめに

多肉植物の原産地は環境が厳しいため、あまり肥料を必要としません。肥料分が多すぎると、がっしり締まった株に育たない場合もあります。植えつけや植え替え時の用土に「元肥」を混ぜるか、肥料分を含んでいる培養土を配合すれば、それで十分です。

ただし植えつけ用土が少ない場合や多くの種類を一度に植える寄せ植えなどは、生育後に「追肥」を与えたほうがよく育ちます。

追肥は生育期に、液体肥料を与えるか、緩効性化成肥料の置き肥をします。一般的な草花の½程度を目安に、少なめに与えましょう。

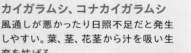

07 仕立て直しをする

切って挿し芽をする

茎がよく伸びる品種の場合、伸びすぎたら株元に近い位置で切り、株を仕立て直しましょう。切った先の部分は、下のほうの葉を取り除いて挿し穂をつくり、挿し芽に。残った茎の部分は、芽が出るのを待ちます。

寄せ植えの場合は個々の植物によって伸び方が異なるので、バランスが崩れたら上に伸びるものは切り、横に広がるものは一部抜いてポットに移し替えます。

仕立て直し方

1 枯れた茎は根元から切り取る。

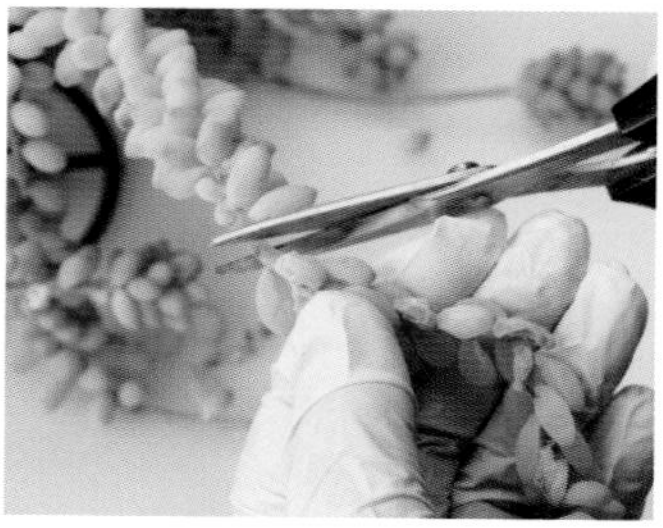

2 枝先の葉が枯れている場合は、枯れている部分を切り取る。

3 葉が落ちた部分がある場合は、根元の葉を残して切る。

4 全体でこのくらいの量を切り取った。元気な茎は挿し芽に(p45)。

茎が徒長し、葉が傷んだり葉がない部分があるセダム ビアホップ。

伸びすぎた茎は短く切って、株姿を整えたところ。

挿し芽

多くの多肉植物は挿し芽ができます。仕立て直しの際は、切った茎の根元部分の葉を手で取り除いて挿し穂をつくり、ポットに乾いた用土を入れて挿します。根が出るまで2～3週間は水をやらないようにします。

1 p44④の茎。茎頂点のひとかたまりの葉を残し、下の葉は取る。

2 茎を3～4cm残して、ハサミでカットする。

3 左上が挿し芽用の挿し穂。取り除いた葉は捨てない。

4 用土に挿し穂を垂直に挿していく。

完了

5 何本かまとめて挿すとよい。

葉挿し

仕立て直しの際に取り除いた葉や、作業中にポロポロ落ちた葉は捨てないように。葉挿しをして増やすことができます。方法は、用土の上に置いておくだけ。やがて端から新しい芽が出ます。

用土にパラパラまいておくだけで、葉の端から新しい芽が出る。

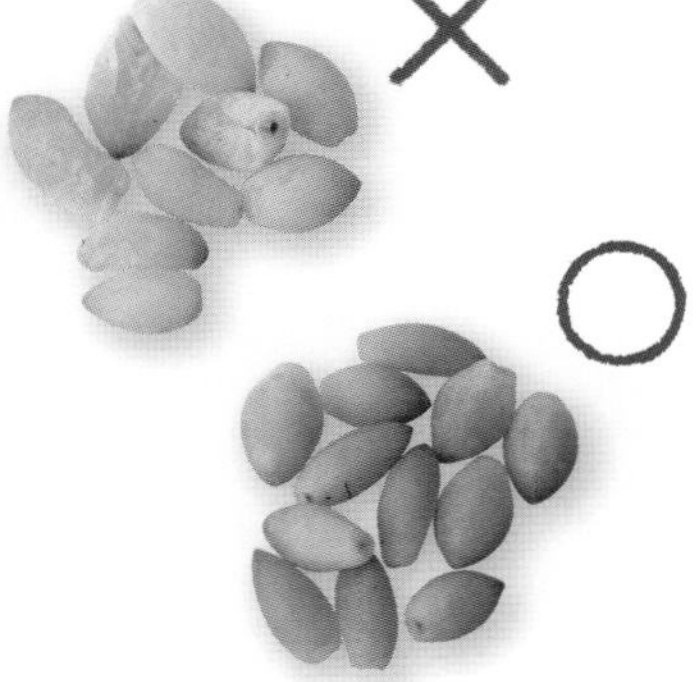

茶色く枯れた葉は廃棄し、緑色の葉のみを使用。

08 増やして楽しむ

独自の生存戦略を利用

多肉植物は過酷な環境で生きてきたため、落ちた葉から芽が出たり子株を出すなど、独自の生存戦略を持っています。そのため簡単に増やすことができ、それも多肉植物を育てる楽しみのひとつです。増やし方は大きくわけて、「挿し芽」「葉挿し」（P45参照）「株分け」「胴切り」の4種類。品種によっては、複数の方法で増やすことができます。どの方法も簡単なので、初心者でもまず失敗がありません。

葉挿しをした葉の端から、
新しい芽と根が出たところ。

名札をつけておく

葉挿しをする際は、後でわからなくならないよう品種名を書いた名札をつけておきましょう。

葉挿し

エケベリアや一部のカランコエ、セダムなど、葉挿しでよく増える品種があります。方法は葉を手で１枚（ひとつ）ずつ取り、乾いた用土の上に置いておくだけ。半日陰の風通しのよいところで管理すると、やがて端に小さな芽がつきます。水やりは親葉が枯れてからが目安。

寄せ植えをつくる際などに落ちた葉は捨てない！

多肉植物のなかには、ちょっと触っただけでポロっと葉が落ちやすい品種もあります。寄せ植えをつくる際などに葉が落ちたら、もったいないので葉挿しをしましょう。

株分け

センペルビウムやエケベリアなどは、株分けで増やすことができます。とくにセンペルビウムは子株がよく出て群生する性質があるため、鉢が窮屈になったら植え替えをかねて株分けしましょう。株分けする場合は、手で分けられるものは手で。分けにくい場合はハサミを使います。

1 ポットから株を抜く。根鉢も回っている状態。

2 手かハサミで子株を分ける。

3 子株を分けたところ。

4 枯れた下葉は取り除き、それぞれの株を新しい用土に植える。

エケベリア 相府蓮

子株を植え替える

品種によっては、茎の根元に子株ができることがあります。写真の場合、親株の茎が伸びすぎています。親株は葉の下でカットし、下の方の葉を2～3枚取り除いて挿し芽に。子株は親株から切り分け、新しい用土に植えます。

子株
ポットから抜いて親株の茎から切り分け、新しい土に植える。
カット
茎を2cmほど残してカットし、挿し芽をする。

胴切り

幹になって成長するタイプの多肉植物を仕立て直す場合、「胴切り」という方法があります。切り取ったら切り口を乾かして発根を待ってから、新しい用土に植えつけます。

1 上に伸びすぎた部分は、茎をよく切れるハサミかナイフで切る。

2 枯れた下葉は取り除く。

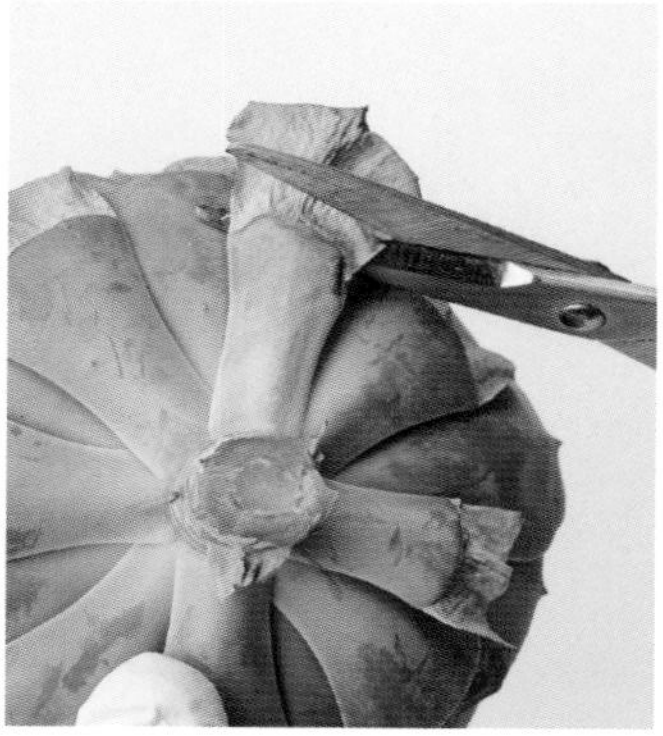

3 先が枯れた葉は、枯れた部分のみ切っておく。

4 枯れた部分を取り除いたところ。

エケベリア 七福神

5 この状態で網の上などに置き、風通しのよい日陰で管理して発根を待つ。

6 残りの部分が育つと、切り口が隠れて見えなくなる。

セダム
黄金細葉
万年草

【葉の細かいセダムの増やし方】

黄金細葉万年草など細かい葉のセダムは
株分けと葉挿し、両方で増やせます。

葉挿し

伸びすぎた場合はカットして株を整え、
切った葉を葉挿しにします。

1 伸びた茎は、下1cmくらい残してカットする。

2 元の株はそのまま育て、カットした葉は葉挿しに。

3 葉挿しには先のほう2cm程度を使う。

4 葉先を切ったところ。

5 乾いた用土に軽く挿す。ばらまいただけでもよい。

株分け

株が大きく育った場合は、株分けをして増やします。

1 根がしっかり回っている場合は、ハサミで根を切る。

2 株を分けたところ。それぞれを新しい用土に植えつける。

セダム 黄金細葉万年草

こんなとき、どうする？ Q&A②

管理に関する疑問にお答えします。

Q 花が咲き終わった後、花がらはどうすればよいでしょうか。

A 花後の茎は、数センチを残して切ります。しばらくすると残った茎が枯れて、軽く引っ張っただけで抜けるようになるので、その状態になったら根元から取り除きます。花後すぐに花茎の根元からハサミで切ると、切り口から細菌が入って軟腐病など（p43）にかかる場合もあるので注意を。また太い花茎が出る品種の場合、何本も花茎が出て花を咲かせると株が弱ることも。親株を充実させたい場合は、蕾のうちに切るようにします。

Q 枯れた葉は、どのタイミングで取り除けばよいですか？

A エケベリアなど株の下のほうの葉の葉先が枯れてくると、見苦しいので、すぐ葉を取り除きたくなる方もいるでしょう。ただし葉全体がまだ枯れきっていないのにハサミなどで根元から切ると、切り口から細菌が入る場合もあります。根元まで枯れてから、ピンセットなどで葉を取り除くようにしましょう。どうしても気になるなら、枯れた部分だけまずハサミで切り、残った部分が根元まで枯れたら、取り除くようにします。

❶下のほうの葉が枯れている。

❷ピンセットでそっと枯れ葉を抜く。

❸抜き終わったところ。

エケベリア 花うらら

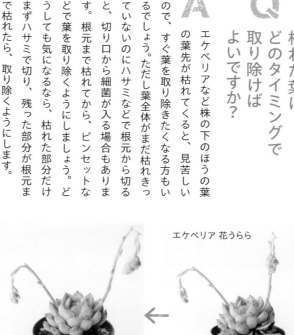

Part 3

多肉植物を楽しむ

01 作品づくりに役立つテクニック

ピンセットの使い方

多肉植物で寄せ植えなどをつくる際は、細かい作業が多いため、ピンセットが活躍します。ピンセットには、「苗を植える」「茎をカットする」「苗を土に馴染ませる」など、さまざまな使い方があります。最初はうまくいかないかもしれませんが、何度か繰り返して慣れることが大切です。

セダムを土に落ち着かせる

葉の細かいセダムは土に置き、左手で株を押さえ、茎の下のほうをまとめてピンセットではさんで左右に揺らしながら、土に押しつけるようにして植えます。

小さなエケベリアを植える

↓

エケベリアなど地上部にボリュームがある品種は、ピンセットを縦には使えません。ピンセットを横にして茎の根元近くをはさみ、土に押し込んで植えます。

茎をカットして植える

↓

茎が細い苗は、ピンセットでプツッと切ることもできます。切ったら茎の根元あたりをピンセットではさみ、挿し芽の要領で土に挿し込みます。

小さな苗を植える

↓

ピンセットを立てるようにして根の上のほうをはさみ、できるだけ垂直に近い角度で根を土に押し込みます。

マルチング

鉢植えや寄せ植えなどの土の表面を資材で覆うことをマルチングといいます。マルチングをすると水やりの際、泥ハネを防げるので病気の予防にも。また土に直接外気が触れないため、温度変化が穏やかになります。美観も整えられ、雑草も生えにくくなるメリットもあります。

パーライト・軽石

パーライトはガラス質の火成岩を高熱処理した土壌改良剤。白色なので軽石とともに、白系のマルチングに利用できます。

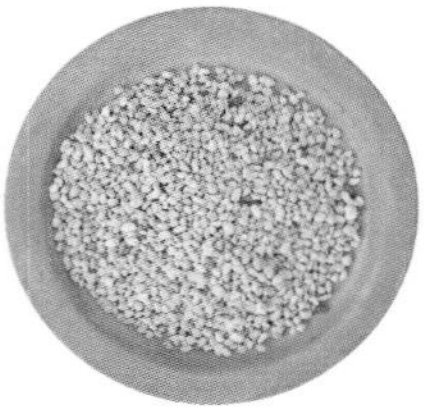

日向土

宮崎県産の軽石の一種。穏やかな色合いなので、マルチングに利用するとナチュラルなテイストに。

ココヤシファイバー

ヤシの実からつくる繊維で、ナチュラルなテイストの表現に向いています。

パーライトでマルチング

パーライトや軽石を使うと土の部分が白くなるので、葉色が際立ち、スタイリッシュで洗練された雰囲気になります（写真の寄せ植えのつくり方はp60参照）。

ココヤシファイバーでマルチング

右側のパーライトを使用した寄せ植えと、ほぼ同サイズの寄せ植え。ココヤシファイバーを使うとナチュラルでやさしい雰囲気になり、パーライトを使った場合とテイストが変わります。

苔をアクセントに使う

盆景風の作品の場合、苔を少し植えると和のテイストを演出できます。ただし乾燥を好む多肉植物と苔は、好む環境が相反します。苔を使う際は多肉植物から少し離した場所に植え、乾かないよう、苔に時々霧吹きで水を与えましょう。

庭の隅や敷石の間など、目を凝らすとすぐに苔を見つけることができるはず。使う分だけ、いただきましょう。

02 石や流木を使う

多肉植物と石や流木は相性抜群。
立体感のある個性的な作品が生まれます。

奔放に伸びた枝の表情を楽しむ

枝ぶりの面白いセダム 乙女心と
枝垂れて動きが出る
クラッスラ・ブロウメアナを組み合わせ
流木を立てて盆栽のように。
海で拾った流木を使う際は
水につけてしっかり塩を抜き
乾かしてからにします。

用意するもの

器
直径9.5cm×高さ10cm

流木

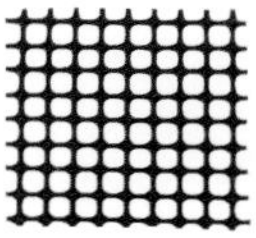

鉢底網

鉢底石

軽石（小粒）

- ●細めの筒型土入れ
- ●用土A（p27参照）
- ●ピンセット
- ●ブロワー

植える植物

クラッスラ・
ブロウメアナ

セダム 乙女心

つくり方

1 鉢の底に穴が隠れる大きさに切った鉢底網を敷く。

2 底から2cmくらい鉢底石を入れる。

3 鉢底から6分目くらいまで用土を入れる。

4 土を入れたところ。

5 乙女心をポットから抜き、根鉢を軽くほぐす。

6 古い葉や傷んでいる葉は取り除く。

7 元の根鉢の6割程度の大きさまで土を崩している。

8 少し土を掘り、背が高い枝が奥になるように配置。

9 まわりに土を入れて落ち着かせる。

10 ブロウメアナは株が崩れやすいので、回しながらそっと抜く。

11 あまり根鉢を崩さないように、少しだけ緩める。

12 土を足して高さを調節。

13 植える場所を決めて、配置する。

14 根元をピンセットではさみ、左右に揺らして土に押し込む。

15 鉢の縁からウォータースペース分1cmほどを残し、土を入れる。

16 ピンセットの背か割りばしで土を突き土中の隙間をなくす。

17 土が沈んだら、その分土を足す。

18 バランスを見ながら流木を立てる。

19 土を軽石（小粒）で覆い、マルチングする。

20 葉に土などがついていたらブロワーで飛ばす。

できあがり
つぶつぶの葉が
キュートで
紅葉もきれい！

作品ギャラリー

石や流木を使う

枝ぶりを生かして小盆栽のような趣に

長く育てると木立化する品種を用い
小ぶりの石を置いた例。
器と植物、石をどう組み合わせるかによって
個性的な表現が生まれます。
左の小松緑の鉢には、アクセントに苔も植えています。

使っている植物：
(右) クラッスラ・アウセンシス
(左) セダム 小松緑

器のサイズ：
(右) 口径4cm×高さ10cm
(左) 直径8cm×高さ8cm

つくり方のポイント

どちらも作家物の器を利用し、「和」を意識。右の作品は枝の形を際立たせるため、あえて枝を斜めに植えて「間」をつくり、石で空間にバランスを与えています。左もアシンメトリーに植え、日向土と苔を用いて、より和の趣を強調。

苔を添えて ニュアンスを出す

ビロードのようなもふもふ感が
人気の福兎耳《ふくとじ》。
エイジング加工をした
リメイク鉢を利用し、
小さめの流木と苔を添えて、
大人っぽく渋い雰囲気に。

つくり方のポイント 福兎耳は花芽の動きを生かすように植え込みを。鉢の中央ではなくあえて端に植えて「間」をつくり、盆景風にまとめています。苔は福兎耳から離れた場所に植えるように。リメイク鉢のつくり方はp116参照。

使っている植物：
カランコエ 福兎耳
器のサイズ：
直径9.5cm×高さ10cm

個性的な器と樹形で 和の風情を演出

成長点に異常が起こる「綴化《てっか》」により
細かい葉がたくさん出た高砂《たかさご》の翁《おきな》。
盆栽風に仕立て、紅葉～冬枯れの「侘び」た風情を
味わうのも、新しい多肉植物の楽しみ方です。

つくり方のポイント 白い軽石でマルチングすることで、高砂の翁のニュアンスカラーを強調。器のくぼみ部分に、モリムラマンネングサを植えて下垂させることで、器の形状の面白さも強調されます。

使っている植物：
エケベリア 高砂の翁（綴化）
セダム モリムラマンネングサ（手前）
器のサイズ： 直径12cm×高さ6cm

03

多彩な寄せ植え

植物や器の組み合わせによって、表現の可能性は無限大。
「つくる」「育てる」「飾る」楽しさを満喫できます。

5種でつくる基本の寄せ植え

寄せ植えをつくる際は、
葉形や葉色、質感に
コントラストをつけるのがコツ。
この作品では紅葉する虹の玉と
対照的な葉形、葉色の万宝を
隣り合わせに植えています。
1種類、垂れ下がる品種を入れると
全体に動きが出ます。

用意するもの

軽石（小粒）

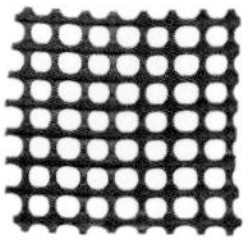
鉢底網

鉢
（直径9.5cm×高さ8cm）

- ●スプーン ●用土A（p27参照）
- ●ピンセット ●割りばし ●水やり用ボトル

植える植物

エケベリア
高砂の翁

セダム
虹の玉

オトンナ
‘ルビーネックレス’

カランコエ
‘ゴールデンガール’

セネシオ 万宝

つくり方

1 鉢の底に穴が隠れる大きさに切った鉢底網を敷く。

2 鉢が小さめなので鉢底石は使わず、直接用土を入れる。

3 高砂の翁はポットから抜き、枯れた葉を取り除く。

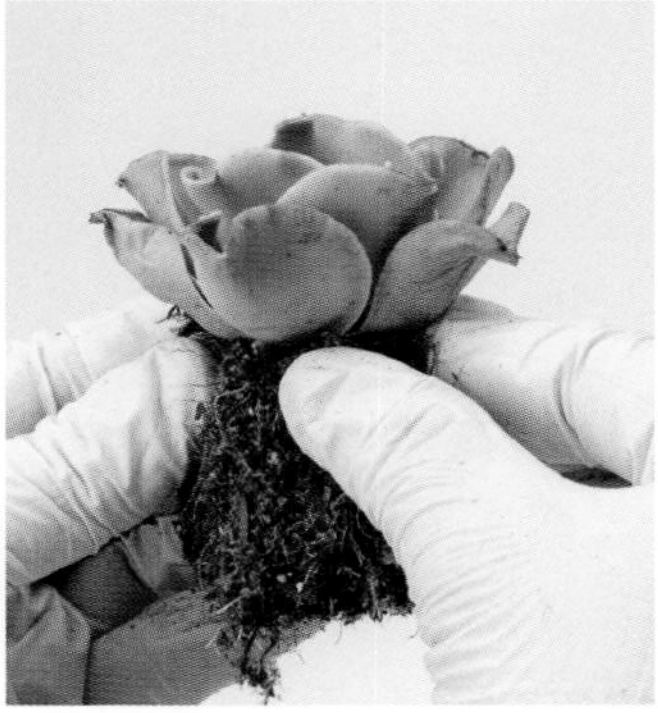
4 根鉢は軽く緩め、ややコンパクトにしておく。

5 虹の玉は使う分量だけ、ピンセットで抜く。

6 万宝は使う分だけ、手で株分けする。

7 それぞれの品種を植えられる状態にしたところ。

8 センターに一番大きい高砂の翁を配置。

9 土の量が低ければ足して調整する。

10 次に大きなゴールデンガールを配置。

11 土を入れて落ち着かせる。

12 虹の玉はピンセットをなるべく垂直にして植える。

13 虹の玉のまわりに土を入れる。

14 ピンセットを垂直に使い、万宝を植える。

15 ルビーネックレスを植える場所に穴をあける。

16 ピンセットで根元をはさみ、土に押し込む。

17 株と株の間、鉢と株の間に土を入れる。

18 割りばしなどで土を突いて土中の隙間をなくす。

19 土の表面を軽石で覆う。

20 底から流れるまで水をやる。

できあがり

お互い
引き立て合い
魅力倍増！

バトン型の器に小さな苗を集めて

細長い小ぶりの木製の鉢に
ちっちゃな多肉植物をぎっしりと。
バトンケーキのような
かわいい寄せ植えです。
選ぶ品種の葉色や葉形
葉の大きさに
変化をつけるのがポイント。

植える植物

セダム・パリダム
（斑入り）

セダム・ルベンス
‘リザード’

セダム
黄金細葉万年草

クラッスラ 若緑

エケベリア
‘ティッピー’

グラプトペタルム
姫秋麗

セダム
‘レッドベリー’

セダム・
コスミダトム

用意するもの

- 細めの筒型土入れ
- 用土A（p27参照）
- ピンセット
- ハサミ
- スプレー+ブロワー

器　縦9.5cm×横48.5cm×高さ9cm

つくり方

1 器の底に穴があいていない場合は、2カ所穴をあける。

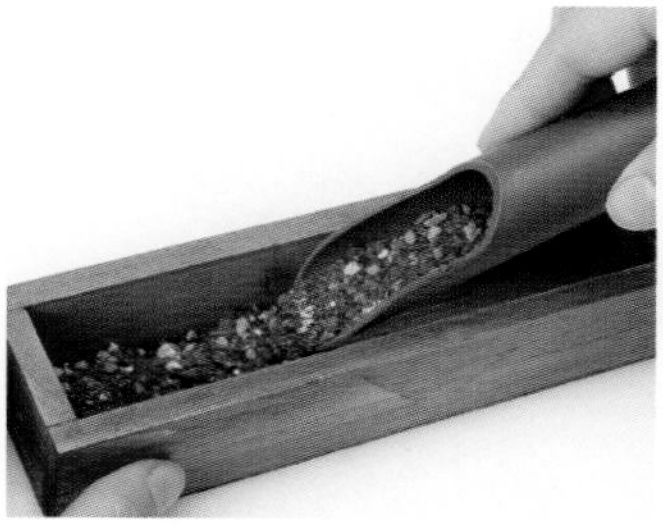
2 半分くらいの高さまで用土を入れる。

3 葉が細かいセダムは根をカットし、適当な大きさに切る。

4 根の部分をピンセットではさみ、土の上に配置。

5 株を少し持ち上げるようにし、縁と株の間に土を入れる。

6 地際をピンセットではさみ、揺らしながら押さえて植える。

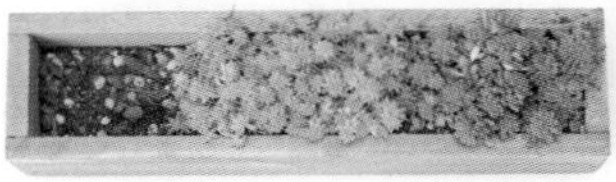

7 2種類のセダムを植えたところ。

8 セダム・パリダムも同様に植える。

9 隙間があいていたら、ピンセットで切った茎を植える。

1

2

3

4

10 エケベリア‘ティッピー’は土を崩し、下葉を取り除いて上のコロンとした部分のみを使用。根は半分くらいに切る。

11 2種のセダムの間に、押し込むようにして植える。

12 若緑も土を落とし、根をコンパクトにしておく。

13 背が高めなので、遠近感を出すため後ろのほうに植える。

14 セダム・コスミダトムはピンセットで切る。
茎が長い場合はそのまま、短い場合は下葉を数枚取り除く。

15 茎を土に押し込むようにし、数カ所に植える。

16 レッドベリーは適当な長さに切り、下の葉を取ってコンパクトに。

17 茎を押し込むようにし、数カ所に植える。

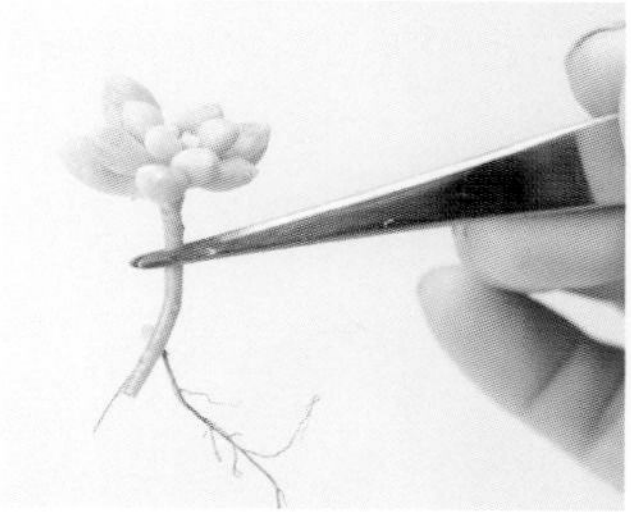

18 姫秋麗は、根がついている小さな苗はそのまま使う。

19 ピンセットをなるべく縦に使い、茎を土に押し込む。

20 土全体が湿るまで十分にスプレーで水を与える。

21 葉についた水はブロワーで吹き飛ばす。

できあがり

何本か並べて飾ってもキュート！

大きめのブリキ缶で ダイナミックに

濃いグレーの大きめブリキ缶に負けないよう、
存在感のある4種類のエケベリアを使った寄せ植え。
シックな葉色のものを集め、大人っぽい雰囲気に仕上げています。

つくり方のポイント 中心部分の土をやや高く盛り、全体をドーム型に仕上げています。草丈の凹凸はあえてあまりつけないようにし、大きめの多肉植物の隙間を埋めるようにピーチネックレスやセダム2種をあしらい、つぶつぶ感で変化をつけています。

❶コチレドン・ペンデンス
❷エケベリア‘クリスマス’
❸エケベリア‘ティッピー’
❹エケベリア‘キッセス’
❺エケベリア‘ピーチプリデ’
❻コチレドン 銀波錦
❼セネシオ‘ピーチネックレス’
❽エケベリア‘アズールブルー’
❾グラプトペタルム 淡雪
❿セダム‘ロッティ’
⓫セダム 銘月

器のサイズ：
直径22cm×高さ22cm

作品ギャラリー

DIYのリメイク鉢で寄せ植えを並べて楽しむ

使っている植物

Eの鉢

❶クラッスラ 紅稚児
❷クラッスラ 南十字星
❸グラプトベリア 白牡丹
❹セダム・リネアレ バリエガータ
❺セダム・ステフコ

テラコッタ鉢に塗料を塗ったモノトーンのリメイク鉢に紅葉の彩りを取り入れて3～5種の品種の寄せ植えを。鉢は、文字をくりぬいたシートを貼ってペイントをするステンシルの技法でリメイクしています。

器のサイズ：直径9.5cm×高さ8cm

つくり方のポイント

鉢を並べたときに単調にならないよう、粉雪やオーロラなどはあえて木立ち化して枝が伸びた苗を選び、躍動感を表現。多肉植物をよく目立たせるため、鉢の縁より高く土を盛り上げて植えています。周囲をセダムで覆って土留めをすると、水やりの際に土が流れません。

Lの鉢

❶グラプトペタルム・メンドーザエ
❷セダム 粉雪
❸セダム 黄金細葉万年草
❹セダム・ステフコ

Iの鉢

❶セダム 黄金丸葉万年草
❷セダム‘パープルヘイズ’
❸セダム‘オーロラ’

Fの鉢

❶エケベリア‘レズリー’
❷エケベリア・プロリフィカ
❸セダム・ステフコ
❹セダム‘マジョール’

秋～早春まで赤く紅葉する多肉植物を集めた
華やかな寄せ植えです。
赤色を引き立たせるため、
他は淡い色調の品種を選んでいます。
どの方向からも楽しめる「四方見」の作品。

紅葉する品種を引き立てる

上とは違う角度から見たところ。

使っている植物：

❶ドロサンテマム 銀緑輝
❷クラッスラ‘ブルーリボン’
❸セダム・プラエアルツム
❹クラッスラ 紅稚児
❺グラプトベリア‘ピンクルルビー’
❻セダム 虹の玉
❼エケベリア‘トップシータービー’
❽グラプトペタルム 姫秋麗
❾クラッスラ・メセンブリアントイデス

器のサイズ：

直径16cm×高さ12cm

つくり方のポイント

脚つきの器とのバランスを考え、中央に背の高い品種を植え、中央部をパフェのように高くしています。長いつるとなる銀緑輝を縁に植え、周囲に巻きつけるようにデコレーション。ココヤシファイバーで飾り、ナチュラルな雰囲気に。

gallery
作品
ギャラリー

個性的な品種を
際立たせて

野の花イメージの寄せ植え。
花が咲いた際の全体のフォルムをイメージして
制作しています。地表のアクセントは、
斑入りのセダム・リネアレ（覆輪万年草）。

使っている植物：
❶グラプトペタルム 姫秋麗　❷カランコエ・フミリス
❸セダム・リネアレ バリエガータ
器のサイズ：直径9.5cm×高さ10cm

小さな寄せ植え

2〜3品種でつくる小さな寄せ植え。
ちょっとしたスペースにさりげなく置くだけで
空間の雰囲気ががらっと変わります。

余った苗でかわいらしく

細長い器なので茎の伸びた多肉を入れ、
他の寄せ植えで余った多肉植物を口に詰めて、
しだれさせています。

使っている植物：
❶セダム 宝珠
❷セネシオ グリーンネックレス（斑入り）
❸セダム・ステフコ
器のサイズ：直径6cm×高さ9.5cm

主役と脇役が引き立て合う

シンプルな器なので白い化粧砂を敷き、和モダンな雰囲気に。
ピンク系のグラプトベリアを引き立てるよう、
濃い色合いのセダムを使っています。

使っている植物：
❶グラプトベリア‘ピンクプリティ’　❷セダム‘パープルヘイズ’
器のサイズ：直径10cm×高さ6cm

04 箱庭をつくる

さまざまな葉形・葉色の多肉植物を使って
箱庭やジオラマにチャレンジしてみませんか。

ジオラマ風の楽しい寄せ植え

植える植物

セダム
黄金細葉万年草

クラッスラ・
フンベルティ

セダム
白雪ミセバヤ

プレクトランサス・
アロマティカス

セネシオ
美空の鉾

市販のジオラマ用フィギュアを使い
多肉植物を木や花に見立てて自由に、イキイキと。
背の高い植物を背後に置き、遠近感を出すのがコツ。
想像力を羽ばたかせて
あなただけの風景をつくってみませんか？

用意するもの

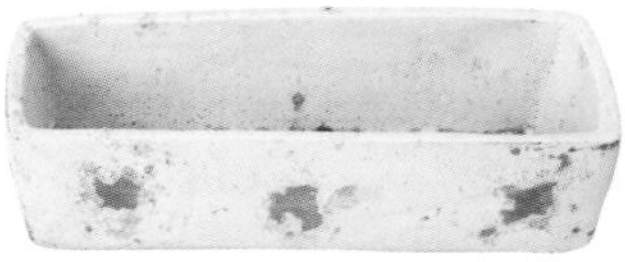

器
縦8cm×横23cm×高さ6cm

日向土

教会と柵のフィギュア

- 鉢底網 ●鉢底石
- 用土B（p27参照）
- 筒型土入れ ●ピンセット
- ハサミ ●スプレー+ブロワー

アナカンプセロス
桜吹雪

フェディムス
‘ドラゴンズブラッド’

グラプトペタルム
ブロンズ姫

クラッスラ・
ヴォルケンシー 錦

セダム 銘月

セデベリア
‘レティジア’

つくり方

1 鉢底網を切って、鉢底穴にかぶせる。

2 底から1〜2cm、鉢底石を入れる。

3 鉢の約7割用土を入れ、鉢を床に軽く打ちつけ土を沈める。

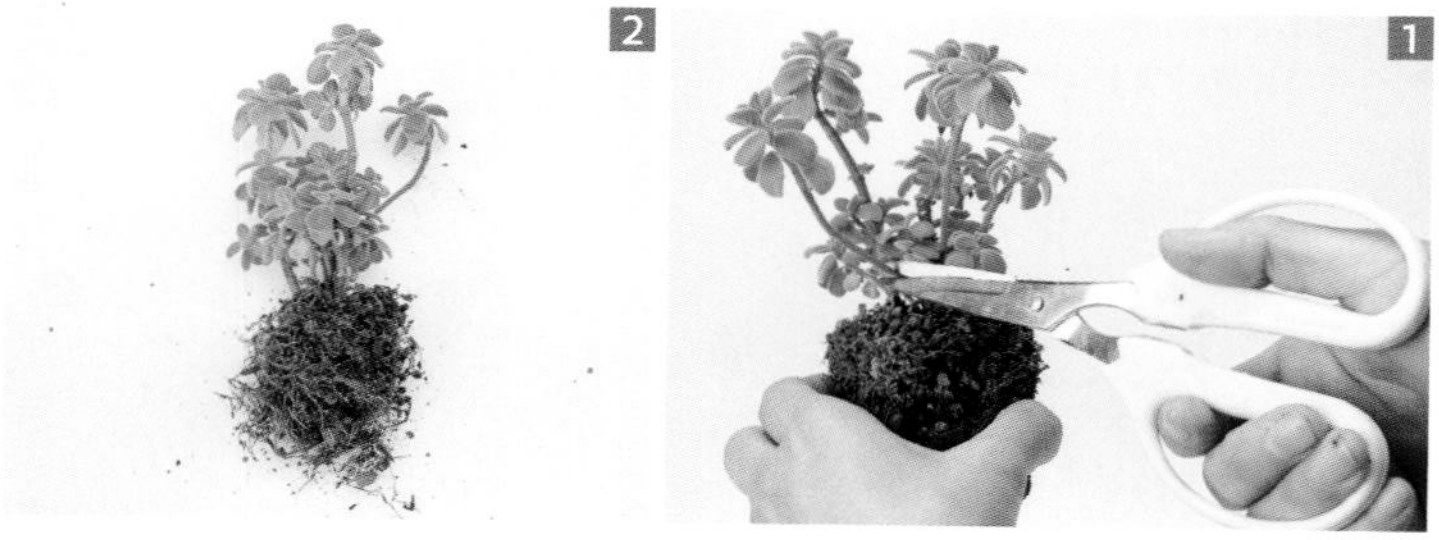

4 端に植える植物から、量を調整して植えていく。根鉢もコンパクトにする。

5 ピンセットで軽く土を掘って植える。

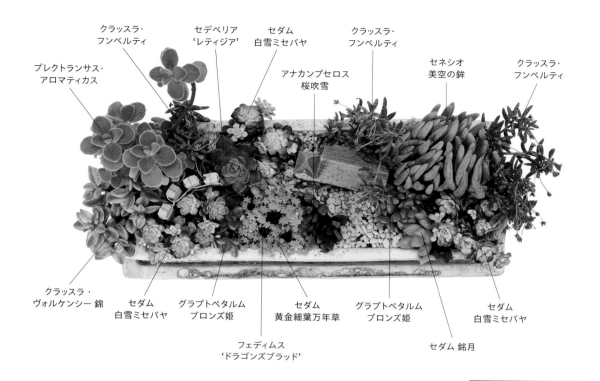

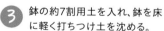

6 株のまわりに土を補う。

7 同様に、左端の植物を植える。

8 右端に植えるフンベルティは株分けして量を調整。

9 土を補って株を落ち着かせる。

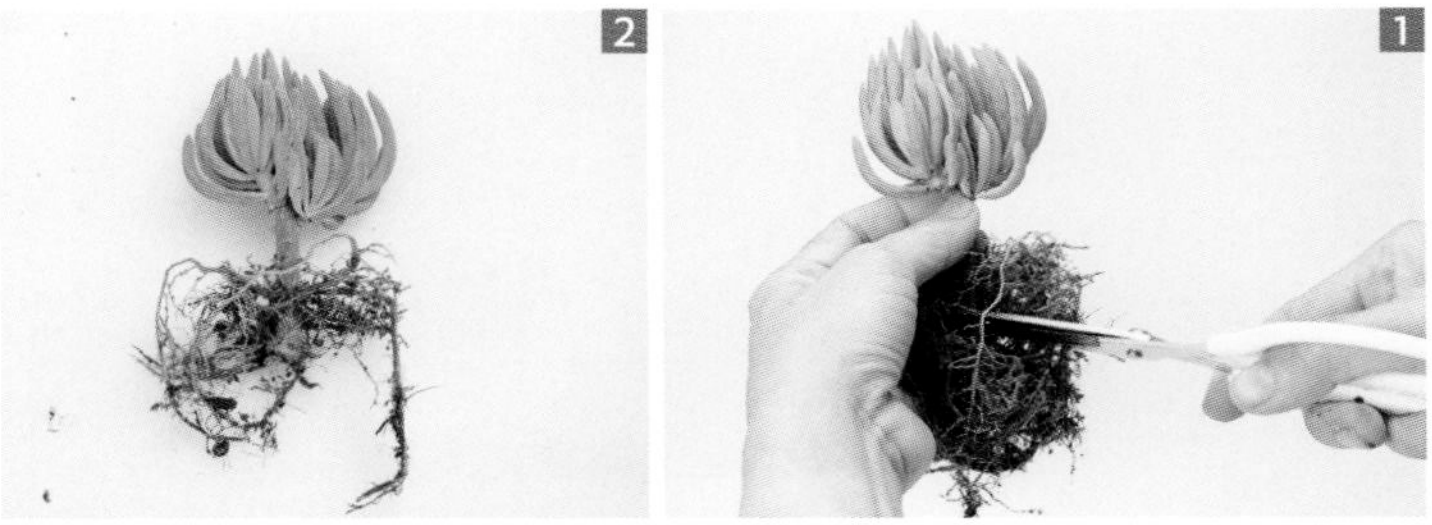

10 美空の鉾は、太い根が長い場合は適度に切る。

11 土を補って苗が倒れないようにする。

12 美空の鉾の手前に白雪ミセバヤを配置。

13 両端が植え終わった段階で、教会の位置を決める。

14 先ほど分割したフンベルティの一部を植えているところ。

15 手前に植える植物は、やや手前に傾ける。

16 教会の背後には、背の高いものを植える。

17 バランスを見ながら、次々と植物を植えていく。

18 ブロンズ姫は手で株分けして、数カ所に植えていく。

19 ピンセットで押し込むようにして入れる。

20

教会の背後は背の高い植物を配置し、立体感を強調。

21 隣り合う植物の色にコントラストがつくよう配置。

22 ときどき離れたところから眺めて、バランスを確かめる。

23 土をピンセットの背などで突いて土中の隙間をなくす。

24 根を切って薄くした黄金細葉万年草を広場に配置。

25 セダムの縁に桜吹雪を植える。

26 ドラゴンズブラッドはピンセットで1本ずつ抜く。

27 草原に花が咲いているイメージで挿し込んで植える。

28 植物を植え終わったところ。

29 日向土を敷いて、教会へと続く道をつくる。

30 教会の裏など土が出ているところに日向土を敷く。

31 バランスを見て、柵を立てる。

32 スプレーでしっかりと水やりをする。

33 葉に溜まった水はブロワーで飛ばす。

できあがり
彩りよく
葉を集めて
賑やかに！

Gallery
作品
ギャラリー
箱庭をつくる

2つのジオラマで
物語を紡ぎ出す

p74の作品より、ひとまわり小さいジオラマをつくり
かわいらしい羊のフィギュアを配置。
2つ並べて、羊が教会に行く物語を紡いでいます。
クリスマスの飾りにもおすすめ。

左側（手前）の寄せ植えに使っている植物：
❶クラッスラ 紅稚児
❷クラッスラ 姫緑
❸セダム 玉葉
❹セダム‘グリーンペット’
❺クラッスラ ツクバネ
❻コノフィツム・ペアルソニー
❼セダム・ルベンス‘リザード’
❽セダム‘リトルジェム’
❾クラッスラ‘トランスバール’
❿セダム・パリダム（斑入り）
⓫セダム 黄金細葉万年草

器のサイズ：縦8cm×横18cm×高さ6cm

つくり方の
ポイント

つくり方は、p76～と変わりません。手前に置くことを想定に、やや高さが低めの植物を選びます。ただ、そのなかでも立体感はほしいので、背後にやや背が高めの植物を配置。どちらの寄せ植えも、やや水持ちのよい用土を用いているので、水やりは控えめに管理します。伸びて形が崩れたら、切って仕立て直すなどしましょう。

使っている植物：
❶グラプトペタルム 姫秋麗
❷カランコエ 月兎耳
❸クラッスラ 星の王子
❹セダム タイトゴメ
❺セダム・レフレクサム
❻セダム'ロッティ'
❼セダム 玉つづり
❽セダム タイトゴメ（斑入り）
❾グラプトペタルム だるま秋麗
❿フェディムス'ドラゴンズブラッド'
⓫セダム'パープルヘイズ'
⓬セダム モリムラマンネングサ
⓭エケベリア 群月花
⓮カランコエ・ミロッティ
⓯ベルゲランタス・マルチセプス
⓰グラプトベリア 白牡丹

器のサイズ：
縦9.5㎝×横15.5㎝×高さ4㎝

「間」を大事にして石庭のような趣に

坪庭を思わせる小さな寄せ植え。上品な和のテイストを出すために葉色の色調を抑えて、グリーンのグラデーションに。石も、器に馴染む色合いのものを選びました。

Gallery
作品ギャラリー

つくり方のポイント この作品のように小さな多肉植物を使う場合は、植物どうしは隙間をつくらず、キュッと寄せて植えるのがコツ。エケベリアなど大きめの植物のまわりには葉の細かいセダムを配置し、コントラストが出るようにします。

05 リースをつくる

立てかけて立体的に楽しむこともできる、リース型寄せ植え。
飾ったときの様子を想像し、ポイントの位置をきめましょう。

葉色や葉形の違いで華やかさを出す

鮮やかに紅葉する品種を使ったリースをつくる場合は
黄金細葉万年草など、赤を際立たせる黄緑色のセダムを使うのがコツ。
右下と左上のポイントに大きめの植物を配置し
その間を埋めるセダムなどは、土留めの役目も果たします。

植える植物

エケベリア
相府蓮

セデベリア
‘マッコス’

グラプトベリア
白牡丹

エケベリア
‘ムーンシャイン’

セダム
虹の玉

クラッスラ
赤鬼城

エケベリア
こころ

フェディムス
‘ドラゴンズ
ブラッド’

セダム
黄金細葉
万年草

セダム
黄金丸葉
万年草

クラッスラ
‘リトルミッシー’

エケベリア・
ハムシー

エケベリア
‘アイスピンキー’

> *Attention!*
>
> しっかり根づくまで1カ月〜1カ月半かかります。その間に壁に立てかけたりすると、リースが崩れる可能性もあります。根づくまでは水平に置くようにしましょう。

- 用土A（p27参照）
- 筒型土入れ
- ピンセット
- ハサミ
- スプレー+ブロワー

用意するもの

ココヤシファイバー

リース用の器　直径20cm

つくり方

1 リース型の深さの6割程度、土を入れる。

2 床などにトントンと打ちつけ、土を沈ませる。

3 土を足す。リースは乾きやすいのでなるべく土を多めに。

4 相府蓮は手で株分けしておく。

5 ポイントとなる右下に、ピンセットで押し込んで植える。

6 アイスピンキーを配置。隣りどうし、色に差異をつける。

7 土を補い、植える向きや高さを調整する。

8 白牡丹を株分けして配置。3つの植物の面はずらす。

9 ピンセットの背などで土をよく突き土中の隙間をなくす。

10 ハムシ—は株分けし、根もコンパクトにする。

11 小さい白牡丹を植えた後、ハムシ—を植える。

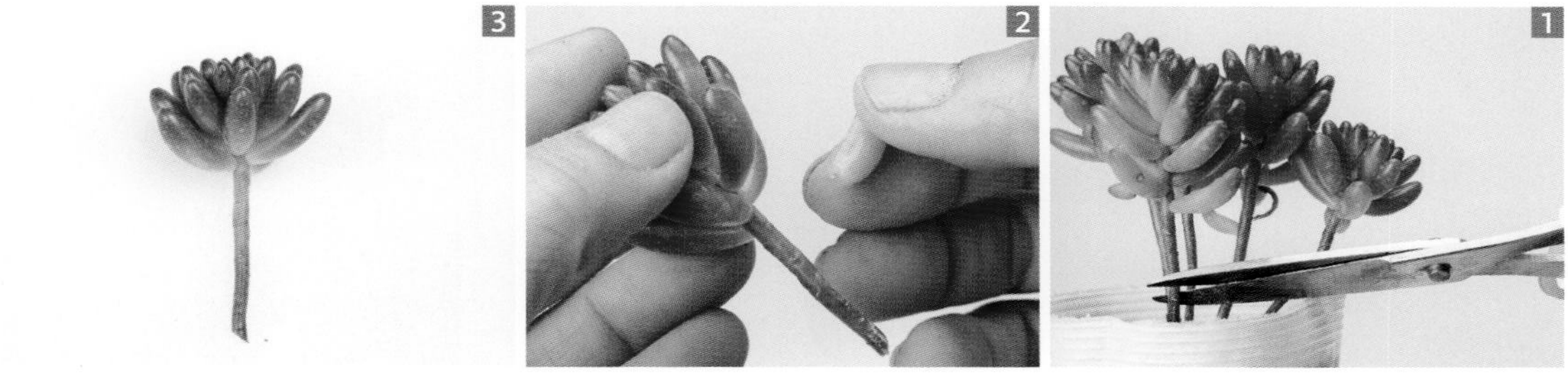

12 虹の玉は茎が長すぎるので、適度な長さに切り
根元の葉をいくつか取り除き、形を調整する。

13 茎の根元をピンセットではさみ、押し込むようにして植える。

14 赤鬼城は大きすぎる場合は、下葉を数枚取り除く。

15 右下の部分を植え終えたところ。

16 もうひとつのポイントとなる左上を、右下同様植える。

17 根が多い植物は、土を落とし適度に切ってコンパクトに。

18 土を補いながら植え、ときどき土を突いて土中の隙間をなくす。

19 マッコスは株分けをし、量を調整して植える。

20 株元をピンセットではさみ、揺らして土に落ち着かせる。

21 ポイント部分の植え込みが完了。

22 黄金細葉万年草などを植える場所に土を足し、中高にする。

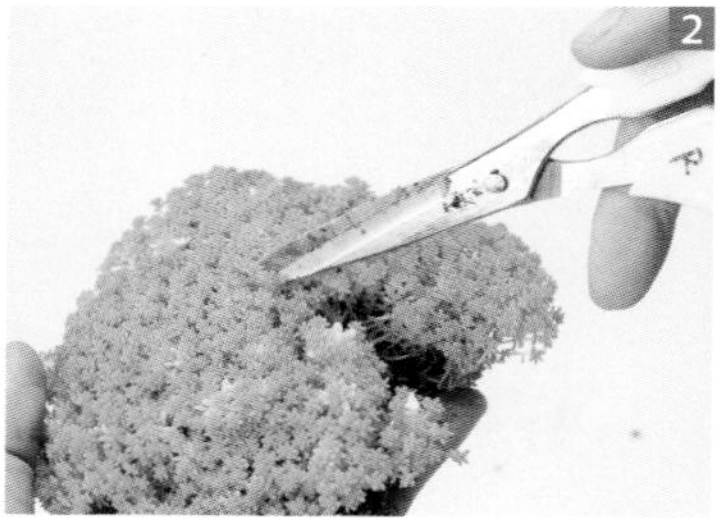

23 必要な分量をハサミで切り取り、1cmくらいのところで根を切る。

24 根元をピンセットではさみ、左右に揺らして押し込む。

25 縁を押し込み、全体がかまぼこ型になるようにする。

26 黄金丸葉万年草は数本まとめて植える。

27 リトルミッシーは、黄金細葉万年草と同じ要領で植える。

28 隙間に黄金丸葉万年草を入れていく。

29 おおよそ植え終わったところ。

30 ドラゴンズブラッドはピンセットで茎を切り、下葉はとっておく。

31 大きめの植物どうしの間にアクセントとして植える。

32 外側と内側の縁にココヤシファイバーを少しずつ入れる。

33 スプレーでたっぷり水をやり、葉についた水分はブロワーで飛ばす。

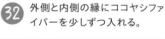

Gallery
作品
ギャラリー
リースをつくる

えんじ色系統の品種で シックな色合いに

大人っぽさが漂う、えんじ色～茶～黄色の渋色グラデーションのリース。
メインとなる渋い色合いの多肉植物の足元に
明るい色合いのつぶつぶセダムを入れて、シックな多肉と対比させています。

つくり方のポイント リースをつくる際は、三角形を意識するとバランスよくなります。存在感のあるエケベリア2種、アエオニウム2種は、それぞれ三角形になるように配置。その他の多肉植物は均一にせず、大きなものをブローチのようにところどころに入れて、ポイントにしています。縁にココヤシファーバーを入れて、ナチュラルな雰囲気に。

使っている植物：

❶クラッスラ・ワテルメイエリー
❷アエオニウム‘カシミアバイオレット’
❸エケベリア‘メラコ’
❹エケベリア‘マローム’
❺カランコエ‘チョコレートソルジャー’
❻アエオニウム 黒法師
❼セダム 銘月
❽セダム・アクレ アウレウム

リース用の器：

直径33㎝

季節によってうつろう表情を楽しむ

センペルビウムは冬に暗い色調で紅葉します。
紅葉が終わる4～5月に明るい色調に変わり、葉も開き気味に。
季節によって変化する表情が楽しめます。

つくり方のポイント
複数の株が1ポットに固まって入っている場合は、無理に株分けして植えるのではなく、2～3株ずつ植えると楽です。ポイントに入れた虹の玉は、頭が小さくなるよう、下の葉を数枚取り除いてから挿しています。植物がリースの器より高くドーム状に盛り上げるようにつくるのがコツ。根が活着するまでは寝かせた状態で管理します。

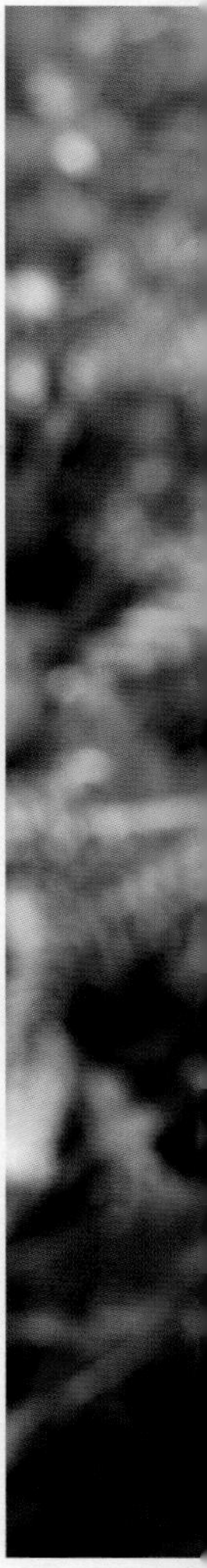

使っている植物（左）：
❶センペルビウム‘ジャンヌダルク’
❷センペルビウム・カルカレウム‘ニグラム’
❸センペルビウム‘クレイマーズスピンラッド’
❹センペルビウム・メテニアナム
❺センペルビウム‘レンテゾン’
❻センペルビウム‘リパリ’
❼セダム・ブレビフォリウム
❽フェディムス‘ドラゴンズブラッド’
❾センペルビウム‘ブルーボーイ’
❿セダム‘シルバーストーン’
器のサイズ：直径21cm

使っている植物（右）：
❶センペルビウム 酒井
❷セダム 黄金細葉万年草
❸セダム・ダシフィルム
❹センペルビウム‘リパリ’
❺センペルビウム‘シルバーアンドレ’
❻センペルビウム‘リップスティック’
❼センペルビウム・メテニアナム
❽セダム 虹の玉
❾センペルビウム‘コモリ’
器のサイズ：直径15cm

半年後の様子

冬に植えた左側のリースの、約半年後の様子。暗い色だったセンペルビウムが、5月にはこんな鮮やかな色合いに。葉ものびのびと開いています。赤紫色の品種と鮮やかな緑色の品種の葉色の違いが明確になり、冬よりビビッドな印象です。

Gallery
作品ギャラリー

寄せ植えとリースで立体的な飾り方を

アンティークのブリキ缶に植えた寄せ植えと、内径の大きいリースを
組み合わせて飾ることで、圧倒的な存在感が生まれます。
庭のエントランスや玄関前に置けば、目を引くこと間違いなし！

使っている植物（外）：
❶セダム'サンライズマム'
❷エケベリア'ティッピー'
❸エケベリア・サブセシリス
❹セダム'オーロラ'
❺セデベリア'ファンファーレ'
❻セデベリア 樹氷
❼エケベリア'クリスマス'
❽セダム 天使の雫
❾エケベリア'ラズベリーアイス'
❿セデベリア'スノーキャンディ'
⓫グラプトベリア'マーガレットレッピン'
⓬エケベリア 桃太郎
⓭セダム'ロッティ'
⓮グラプトベリア 白牡丹
⓯パキベリア'ヒアリウム'※
⓰エケベリア 錦晃星
⓱エケベリア'シルエット'×'ダークアイス'

器のサイズ：直径36cm

※パキベリア属はパキフィツム属とエケベリア属の属間交配種。

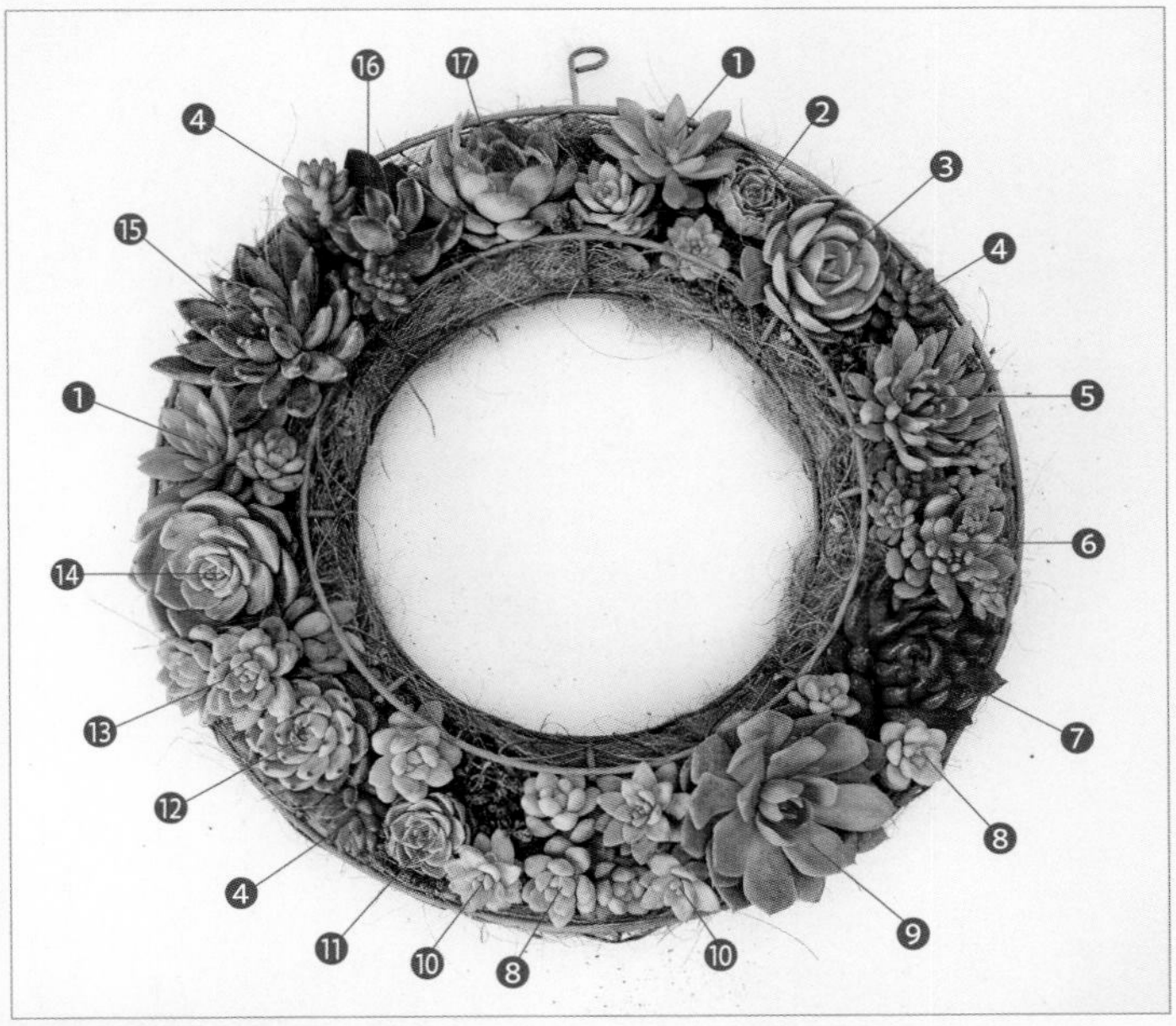

つくり方のポイント
グレイッシュなライムグリーンとブルーグリーンの多肉植物をベースに、アクセントでほんの少しブラウンカラーを散らしています。

使っている植物（中）：
❶コチレドン 嫁入り娘
❷コチレドン'ゴルビュー'
❸カランコエ 福兎耳
❹エケベリア'ピーチプリデ'
❺セダム'パープルヘイズ'
❻エケベリア'リジョイス'
❼ペペロミア'ハッピービーン'
❽エケベリア 霜の朝《あした》

器のサイズ：
直径18cm×高さ20cm

つくり方のポイント
リースは端正な姿の品種が中心なので、寄せ植えは動きと存在感のある品種を中心に選んでメリハリをつけています。ブリキ缶が錆びてできた穴に、'パープルヘイズ'を押し込むようにして植えているのに注目を。

06

個性的な器を使いこなす

土が少なめでも育てられる多肉植物なら
工夫次第でさまざまな器を利用することができます。

鳥かご型の器からあふれるように

ぶら下げて飾ることができ、
透け感があるので涼し気な印象で、
どこから見ても楽しめます。
土が少ないので
水もちをよくするため、
用土は草花用培養土と
サボテン・多肉植物用培養土を
7：3くらいの割合で混ぜて。

植える植物

❺クラッスラ
紅稚児

❹エケベリア
‘マチェット’

❸ドロサンテマム
銀緑輝

❷フェディムス コーカサスキリンソウ‘トリカラー’

❶セデベリア
‘マッコス’

❿フェディムス
‘ドラゴンズブラッド’

❾カランコエ 黒錦蝶

❽セダム 粉雪

❼グラプトベリア
‘ピンクプリティ’

❻セダム・
ダシフィルム

⓫オトンナ
‘ルビー
ネックレス’

⓬エケベリア
‘サブセシリス’

⓭セダム
‘オーロラ’

用意するもの

● 用土B（p27参照）
● 筒型土入れ
● 長めのピンセット
● ハサミ
● ブロワー
● ホッチキス

ジュートなど目の粗い麻布

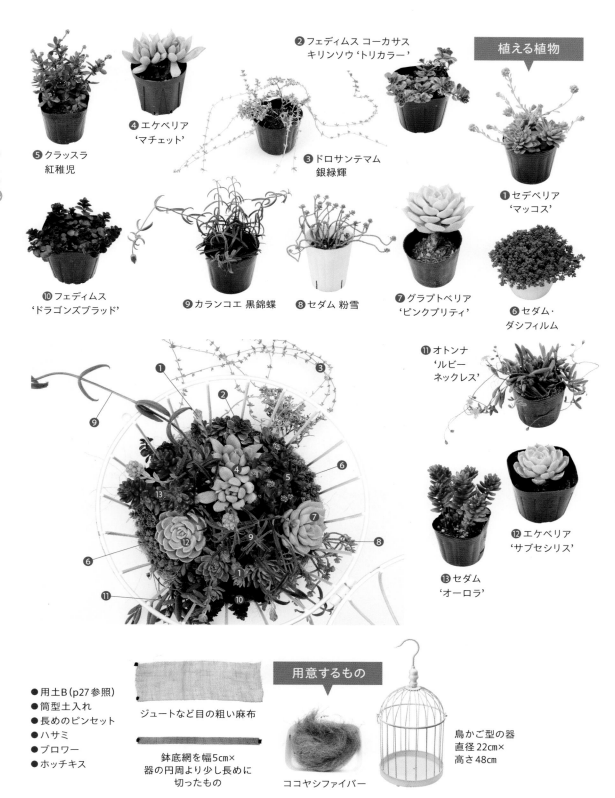

鉢底網を幅5cm×
器の円周より少し長めに
切ったもの

ココヤシファイバー

鳥かご型の器
直径22cm×
高さ48cm

つくり方

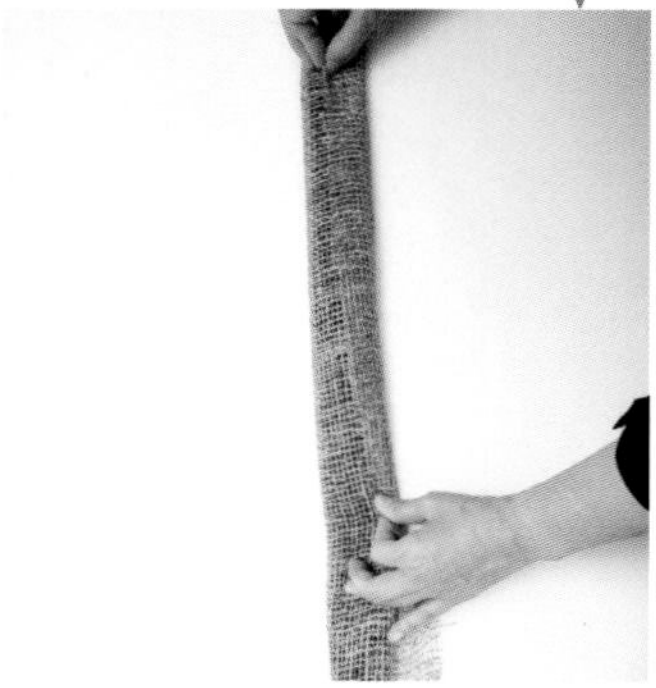

1 細長く切った鉢底網をジュートで包む。

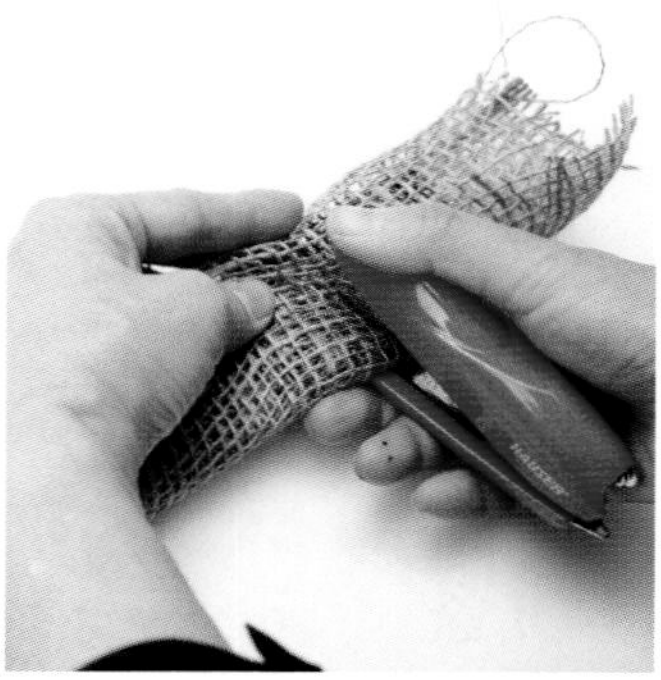

2 1～2回巻き、ホッチキスで数カ所とめる。

3 鳥かごの底～側面にココヤシファイバーを敷く。

4 ココヤシファイバーの内側にジュートを沿わせる。

5 長かったら切って調整。

6 ココヤシファイバーでジュートを隠す。

7 半分くらいの深さまで用土を入れる。

8 中央にくる背の高い植物から植える。根は適度に緩めて。

9 かごの上から、株を中央に配置。

10 オーローラの株は適度に株分けをして植える。

11 やや外側に傾けて植えるとまとまりやすい。

12 株の側に土を補充する。

13 隣りにサブセシリスを配置。

14 やや外側に傾けて植える。この先、植えるたびに土を補充。

15 隣り合う株を順番に植える。この場合は反時計回り。

16 手が入らない場合は、外からピンセットで植える。

17 下葉が枯れている場合は、取り除いてから植える。

18 指が入る場合は、指で根元の土を押さえて植える。

19 土を補充してからピンセットで押し込み安定させる。

20 ときどきピンセットの背などで土を押して土中の隙間をなくす。

21 マチェットはそのまま、マッコスは株分けして植える。

22 土を補充したら株元を指で押さえて安定させる。

23 銀緑輝はかごの側面から押し込むようにして植える。

24 枝先がかごから外に出るように。ルビーネックレスも同様。

25 粉雪は枝の伸びている苗を使い、側面から押し込む。

26 枝の流れを見て、どこから外に出すかを考える。

27 ダシフィルムは1cmくらいのところで根を切る。

28 かごの上から手を入れ、ダシフィルムを土の上に置く。

29 根元近くをピンセットではさみ、左右に揺らして植える。

30 ドラゴンズブラッド、コーカサスキリンソウを植える。

31 すべて植え終わった状態を上から見たところ。

32 葉についた土はブロワーで飛ばす。

できあがり
徐々に伸びるのも楽しみ!

割れた鉢をリサイクルして
立体的に植え込む

割れた素焼き鉢2個を利用した寄せ植え。
枝が伸びて木立ち化したものや冬枯れした株もあえて使い、
立体的なジオラマをイメージしてつくります。

使っている植物：
❶セダム‘レッドベリー’ ❷コチレドン‘モンキーネイル’
❸クラッスラ 紅稚児 ❹ドロサンテマム 銀緑輝
❺セダム‘リトルビューティ’
❻エケベリア・プロリフィカ
❼クラッスラ 天狗の舞 ❽クラッスラ‘デービット’
❾グラプトベリア‘マーガレットレッピン’
❿セダム・パリダム 斑入り
⓫センペルビウム‘コブウェブジョイ’
⓬セダム・ブレビフォリウム
⓭セダム 黄金細葉万年草
⓮セダム・ダシフィルム

器のサイズ：
(大) 直径15cm×高さ12cm
(小) 直径8.5cm×高さ7cm

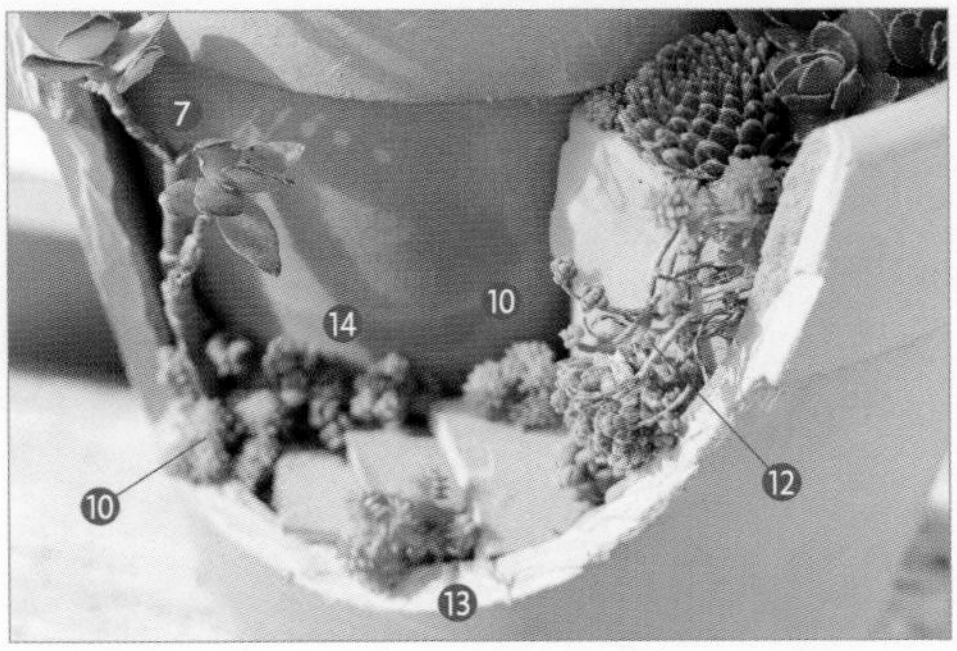

つくり方のポイント 多肉植物を植えるときに土が崩れないよう、スプレーで土に水を与えながらつくり進めます。階段部分は欠けた破片を利用し、両側からセダムではさむことで固定しています。頂上の椅子は、ジオラマ用のフィギュアを利用。

うさぎ型の鉢にかわいらしく

玄関の前などに飾りたい
個性的な鉢。
ウサギが持っているかごの中が
カラフルになるよう
紅葉する品種をアクセントに。
また、多肉植物そのものの
形を生かすため、
子株つきのエケベリアは
そのまま使用しています。

使っている植物：

❶セデベリア 樹氷
❷セダム 黄金細葉万年草
❸フェディムス
　コーカサスキリンソウ'トリカラー'
❹セダム 粉雪
❺エケベリア'リジョイス'
❻セダム 虹の玉
❼クラッスラ 紅稚児
❽クラッスラ'ブルーリボン'

器のサイズ：

全体の高さ36cm
籠部分の直径13cm

つくり方のポイント

遠くからでもよく見えるよう、土を盛り上げて高さを出して植えています。そのため水やり時に土が流れないよう、鉢の縁近くに黄金細葉万年草やコーカサスキリンソウなどで囲って土留めに。茎が長く伸びた粉雪をところどころにちりばめ、動きを出しています。

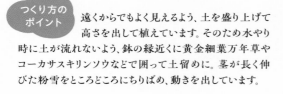

つくり方のポイント

赤、黄、青、ピンクなどはっきりした明るい葉色の品種を選定。葉形も花のような形、扇状、棒状の葉のもの、細かい葉が枝垂れるものなど、差異が大きいものを選んでいます。品種を制限して繰り返しのパターンを用い、植えない場所も設けることで、かえって印象を強めることができます。

棚のサイズ：
幅80cm×奥行28cm×
高さ75cm

DIYのタンス型の棚で遊び心を表現

ガーデン用品なども入れられるタンス型棚。
最初から多肉植物を植えるつもりで、上部も「植え込み仕様」に。
タンスの大きさに負けないやや大きい多肉植物を中心に
鮮やかな彩りになるよう、品種を選んでいます。

使っている植物：

❶エケベリア ‘パールフォンニュルンベルグ’
❷コチレドン 銀波錦
❸セネシオ 万宝
❹カランコエ ‘デザートローズ錦’
❺セダム 黄金細葉万年草
❻クラッスラ 南十字星
❼クラッスラ ‘リトルミッシー’

07

ネルソルを使う

透明なプレートに絵を描くように

１００円ショップで購入できるアクリル製の透明なアートフレームがエレガントな装飾に大変身。結婚式やパーティーのウエルカムメッセージにも利用できます。ピンク系と青系に色を絞ることで上品な仕上がりに。

水を加えて練ると固まる土・ネルソルを使えば
壁面装飾など、多肉植物の表現がぐっと広がります。

用意するもの

クリアアート
フレーム
縦 24cm×横 27cm

ネルソル

ネルソルを
混ぜる皿

- ●水　●ハサミ
- ●ピンセット　●手袋

植える植物

セネシオ
万宝

エケベリア
'パールフォン
ニュルンベルグ'

パキフィツム
月美人

フェディムス
コーカサスキリンソウ
'トリカラー'

セダム・
レフレクサム

グラプトペタルム
姫秋麗

つくり方

1 ネルソル1リットルに対し400cc の水を加える。

2 30分ほど置いておき、粘りが出たら手で練る。

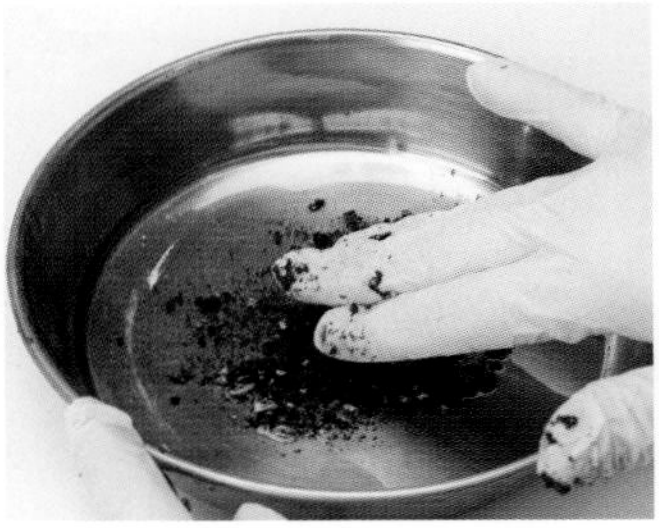

3 皿に少量の水をとり、ネルソルを少量練る。

4 多肉植物を植えたい場所に、3を塗っておく。

5 使う分量のネルソルを、軽く手で固める。

6 挿し穂が挿さる高さになるようネルソルで島をつくる。

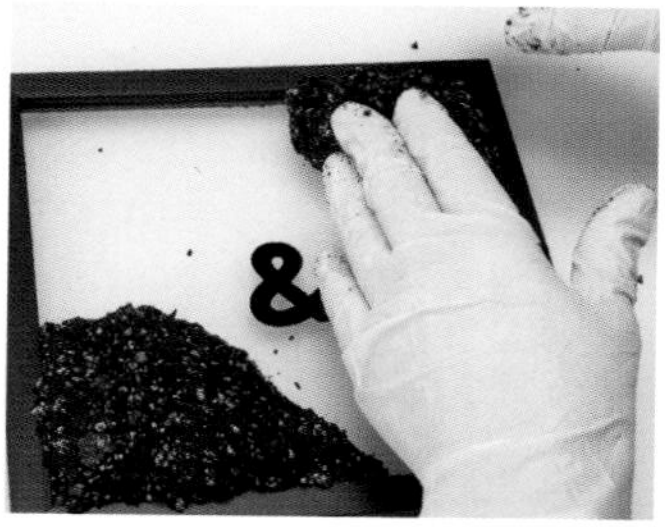

7 対角線上にも同様にネルソルで島をつくる。

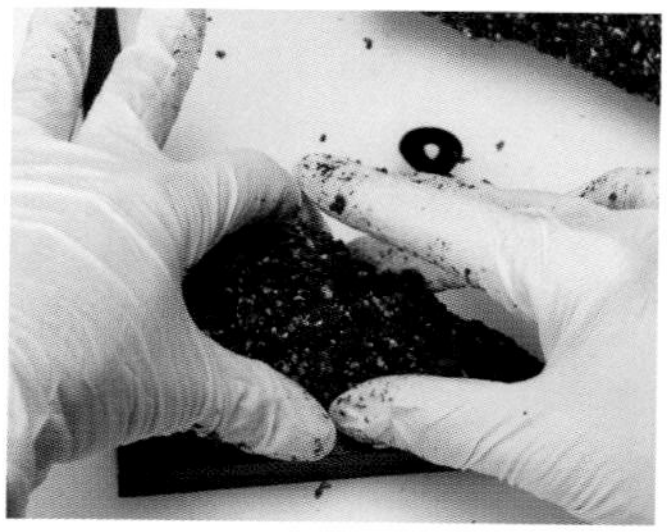

8 手で押さえながら形を整える。

9 2カ所に多肉植物を植える島をつくった状態。

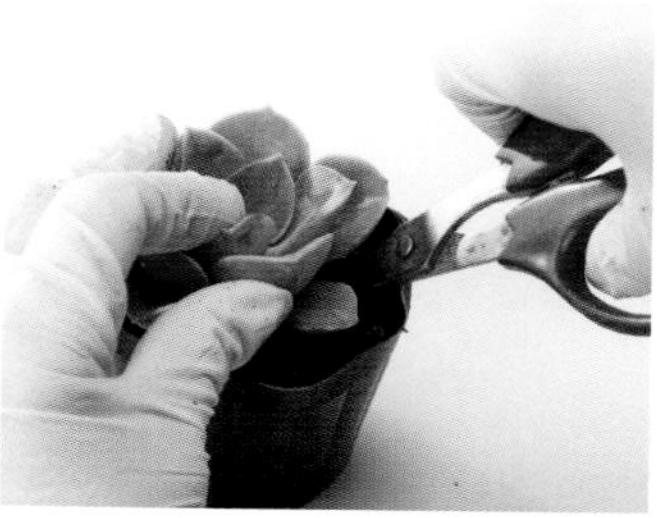

10 メインのパールフォンニュルンベルグの茎を切る。

11 茎はこのくらい長めに残すように。

12 植える場所にピンセットで穴をあける。

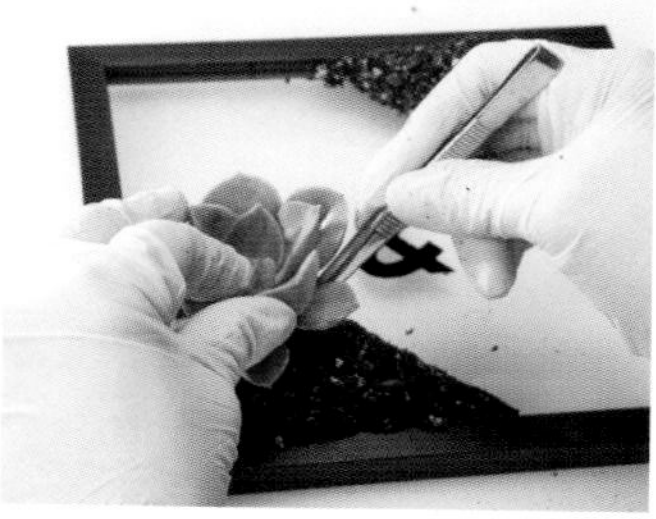

13 ピンセットで茎をぐっと押し込む。

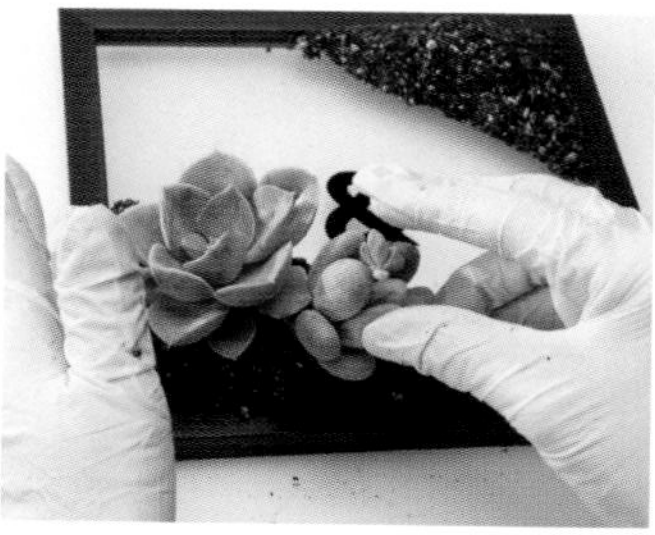

14 少し傾けて月美人を植える。

15 メインをはさむように月美人を配置。

16 万宝は小分けにして、葉に見立ててメインの脇に挿す。

17 姫秋麗は小分けし、ピンセットを縦に使って挿す。

18 挿し終えたらピンセットでぐっと押し込む。

19 あいている場所にコーカサスキリンソウを挿していく。

20 レフレクサムは茎を1本ずつ挿していく。

21 縁の部分は寝かせるようにして挿す。

22 手でネルソル部分を押し、全体の形を整える。

23 片方の島が完成したところ。

24 同様に対角線上の島にも挿していく。

脚のある器に合わせて
エレガントに

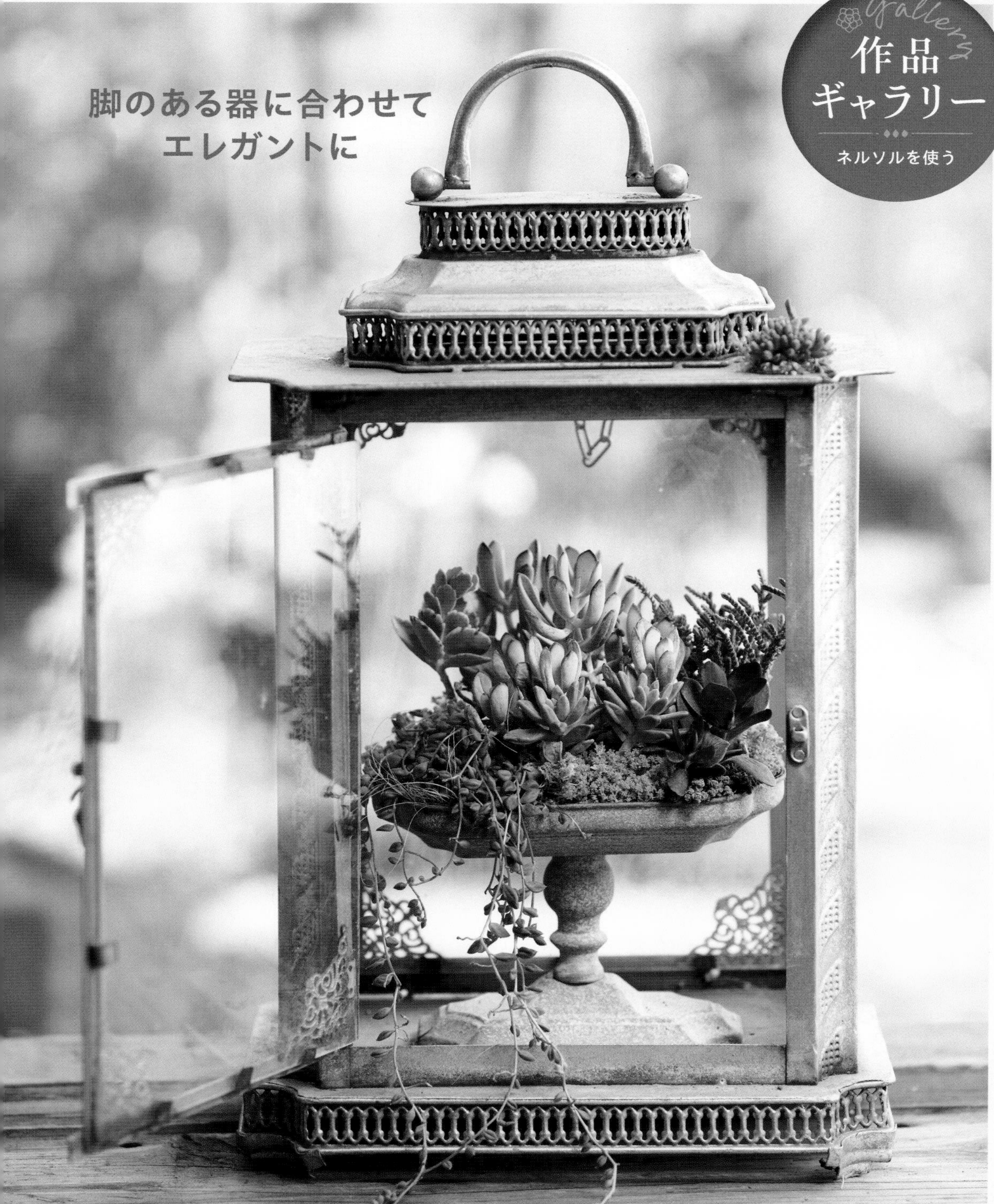

キャンドルを入れるアンティークの容器に合わせ、脚付きの花器を使用。
花器が浅いので、ネルソルを利用して植え込んでいます。
多肉植物の葉のテクスチャーの違いを意識し、
上品な色の変化を楽しめるよう、品種を選んであります。

つくり方のポイント

ネルソルだけでは育ちが悪いので、培養土とネルソルを1：1の割合で混ぜて使用。花器には穴がないので、ゼオライトを底に薄く敷き、多肉植物の専用培養土を入れます。一番背の高い福娘を背後に置き、培養土とネルソルを混ぜたもので固定し、奥から順番に植えていきます。隙間には黄金細葉万年草を植え、土が見えないように。

使っている植物：

❶コチレドン 福娘
❷クラッスラ 若緑
❸クラッスラ 天狗の舞
❹グラプトペタルム 秋麗
❺セダム 黄金細葉万年草
❻カランコエ 胡蝶の舞
❼セネシオ グリーンネックレス

器のサイズ：横20.5cm×奥行12cm×高さ13.5cm

流木のくぼみを利用して 彫刻作品のように

形の異なる流木を2つ組み合わせ、
多肉植物を植えるくぼみスペースをつくり、
鉢のように仕立てて植えてあります。
流木の形はひとつとして同じものはないので
個性的なデザインを創造する楽しみがあります。

使っている植物:

❶セダム 月の王子
❷クラッスラ・サルメントーサ
❸カランコエ ‘シナモン’
❹セダム
メキシコマンネングサ ゴールド
❺セネシオ グリーンネックレス
❻エケベリア 錦晃星
❼エケベリア ‘セブンスター’
❽クラッスラ 舞乙女
❾セダム ‘ミモザ’

つくり方のポイント

流木は川で拾ったもの。ブラシなどを使い流水で汚れを十分に落としてから天日干しをし、その作業を数回繰り返してから殺虫処理をして使用。流木は市販品もあります。くぼみにジュートを敷き、ネルソルを使用し、苗をカットして挿します。

ネルソルなら壁かけも可能

流木を利用し、ナチュラルさを重視した壁かけ。
主役のスイレンに、葉が小さめな脇役たちを合わせ、
小さいながらも表情豊かな壁かけとなっています。
吊り下げるひもも、自然素材のものを使うように。

使っている植物：

❶セネシオ ‘ピーチネックレス’（斑入り）
❷セダム 虹の玉
❸エケベリア スイレン
❹エケベリア・プロリフィカ
❺セダム・パリダム（斑入り）
❻セダム 白雪ミセバヤ

流木のサイズ：

流木の幅8cm×長さ20cm
植え込み部分は約4cm四方

つくり方のポイント

壁かけに流木を使用する際は、壁に当たる部分が薄く、多肉植物を植える部分は厚さのあるものを選びます。上部には麻ひもを通すため、穴をあけておきます。くぼみにジュートを敷き、ネルソルを利用し、カットした苗を挿して植え込みを。

流木のサイズ：

流木部分の横幅42cm×高さ30cm
植え込み部分は径約16cmの楕円

08

DIYの器で個性的に

リメイク缶やデコパージュなどの技法をご紹介。
「世界でひとつだけ」の容器をつくってみませんか。

空き缶をリメイクして アンティーク風に

アンティーク風に仕上げた容器。ここでは右側の
蚊取り線香の缶を利用したリメイク缶のつくり方をご紹介します。
空き缶を再利用でき、“創る”楽しさも満喫できます。

用意するもの

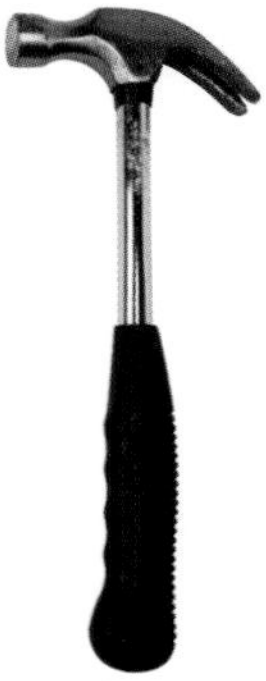

金づち

ペンチ

蚊取り線香の缶
直径13cm×高さ10cm

アルミワイヤー
約50cm

釘

刷毛

スプーン

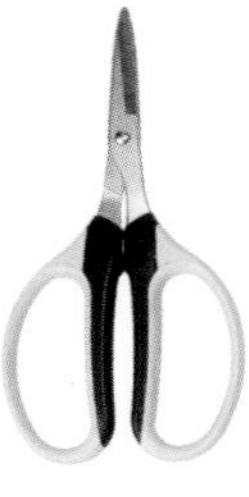

ハサミ

下地塗り用の
シーラー

スポンジ

水性防水材

つや消し水性塗料
(アレスアーチ)

エイジング用の
アクリル絵の具
(セラムコート)

写真等を
切り抜くための
雑誌

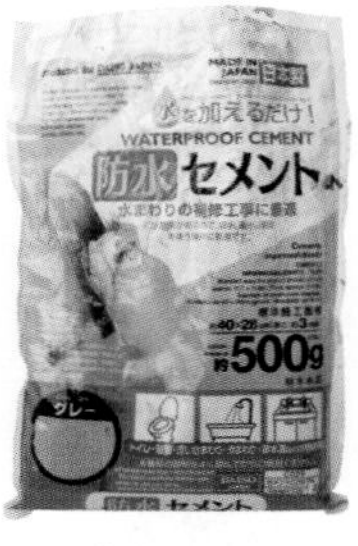

防水セメント

- セメントを混ぜる皿
- シーラーなどを出すダンボール片

植えている植物／右：ムスカリ'タッチ オブ スノー'、スイセン'タリア'、原種チューリップ'シルベストリス'、クラッスラ'リトルミッシー'、セダム・アルブム'ヒレブランティ'、セダム'パープルヘイズ'、セダム 虹の玉
左：p127参照。

つくり方

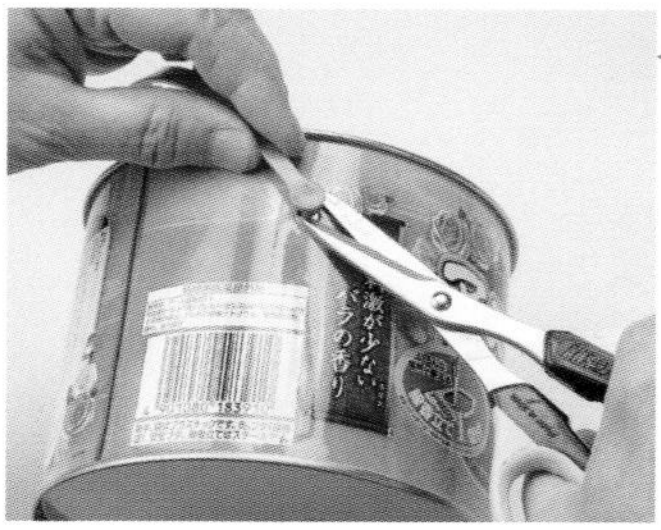

1 蚊取り線香の缶は、ビニールの取っ手を外しておく。

2 釘などを使って底に数カ所穴をあける。

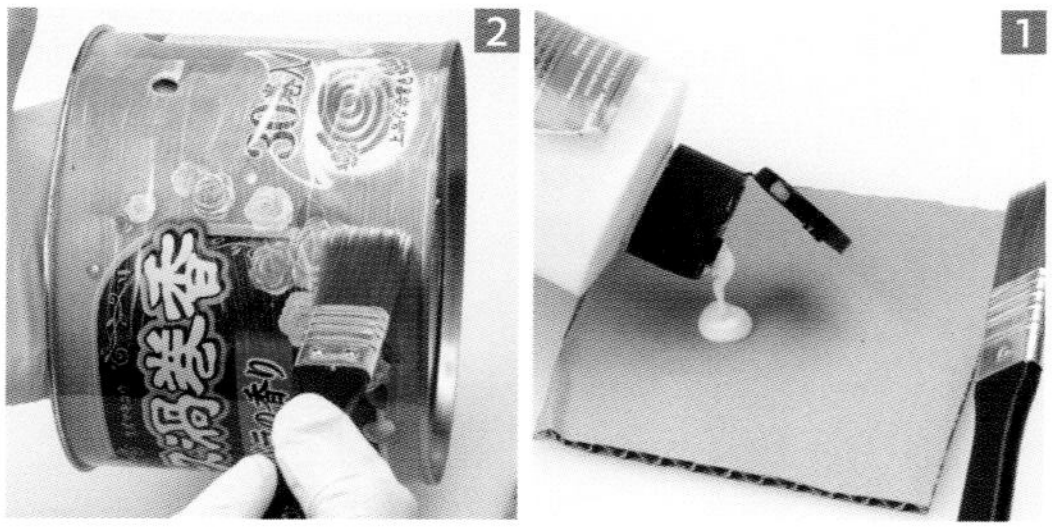

3 シーラーは少量をダンボールの切れ端などに出し、刷毛で缶の表面と内側の縁から2cmくらいに塗る。

4 防水セメントとつや消し水性塗料を1：3の割合で混ぜる。

5 缶の表面に刷毛でペタペタと、刷毛目がつくように塗る。

6 缶の内側の縁も、見える部分2cmくらい塗っておく。

7 雑誌の写真や文章など、貼りつけたい部分を切り抜く。

8 エイジング用のアクリル絵の具を器に出し水で薄め、切り抜きの表面に染みをつけるように塗ってエンジングする。

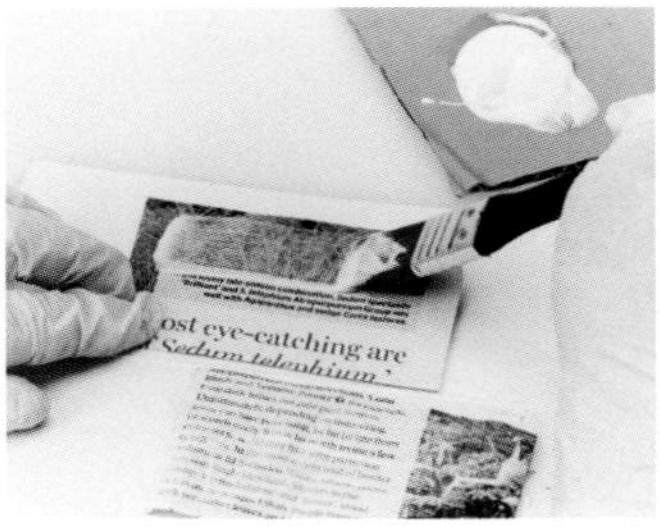

9 乾いたら表面に、水性防水材を塗っておく。

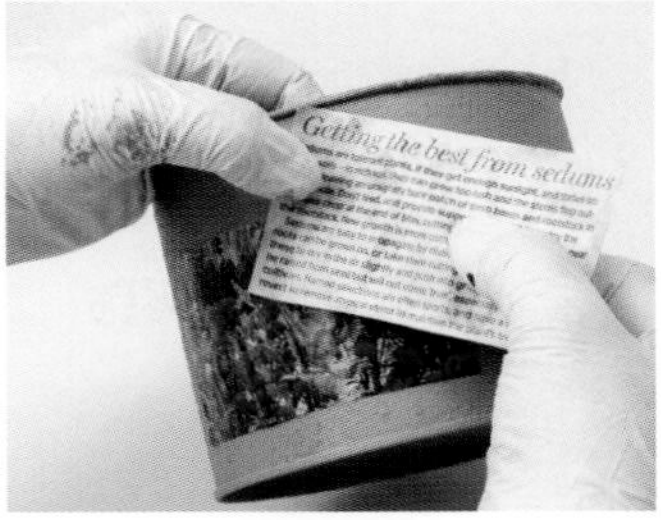

10 裏に下地塗り用のシーラーを塗り、缶に貼りつける。

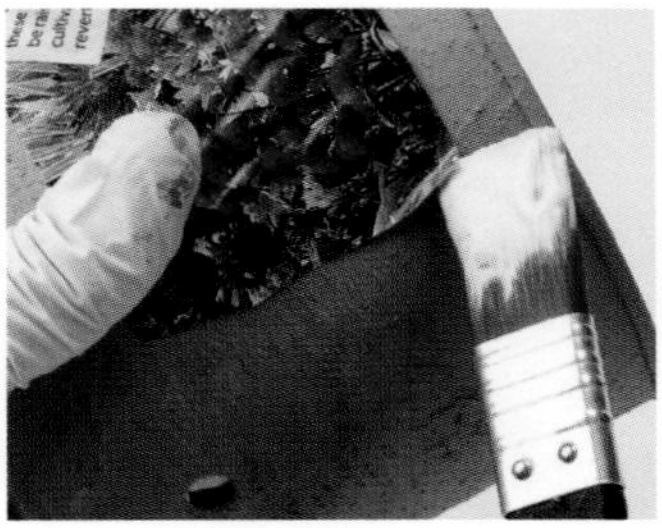

11 四隅はとくに丁寧にシーラーを塗るように。

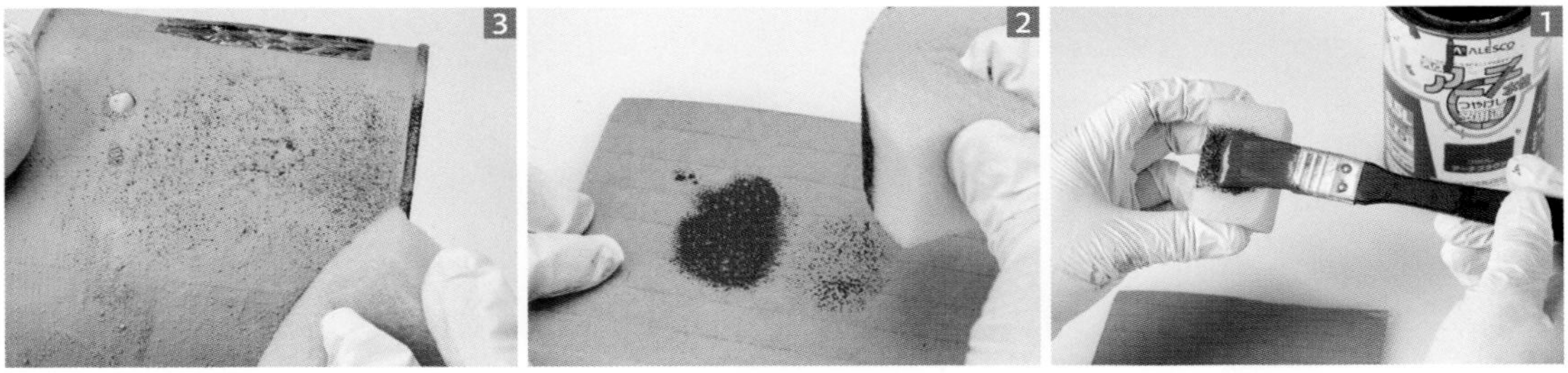

12 スポンジに水性塗料をつけ、余分な量は段ボールなどで調整し、缶に軽くポンポンとスポンジで叩くようにしてエイジング加工する。縁は濃い目にするのがコツ。

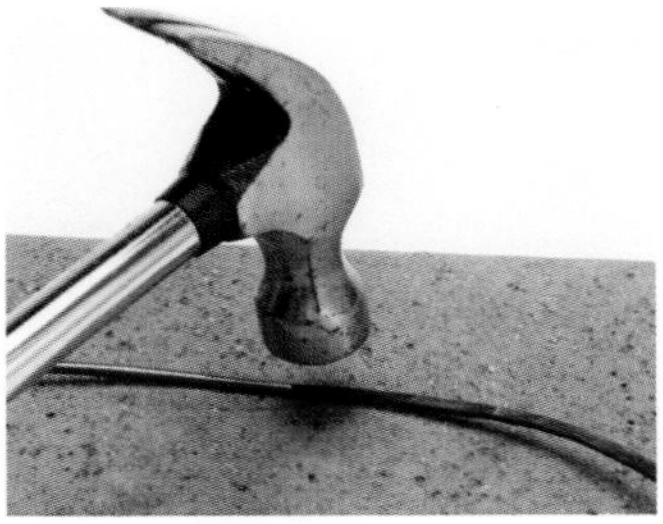

13 アルミワイヤーは金づちで叩いて潰しておく。

14 ペンチでアルミワイヤーを曲げて穴に通し、持ち手をつくる。

シリーズの塗料で素焼き鉢をエイジング加工

素焼き鉢に塗料を塗り重ねてエイジングした鉢の趣は独特な質感のある多肉植物と相性が抜群。シックで上品な鉢植えを楽しむことができます。

用意するもの

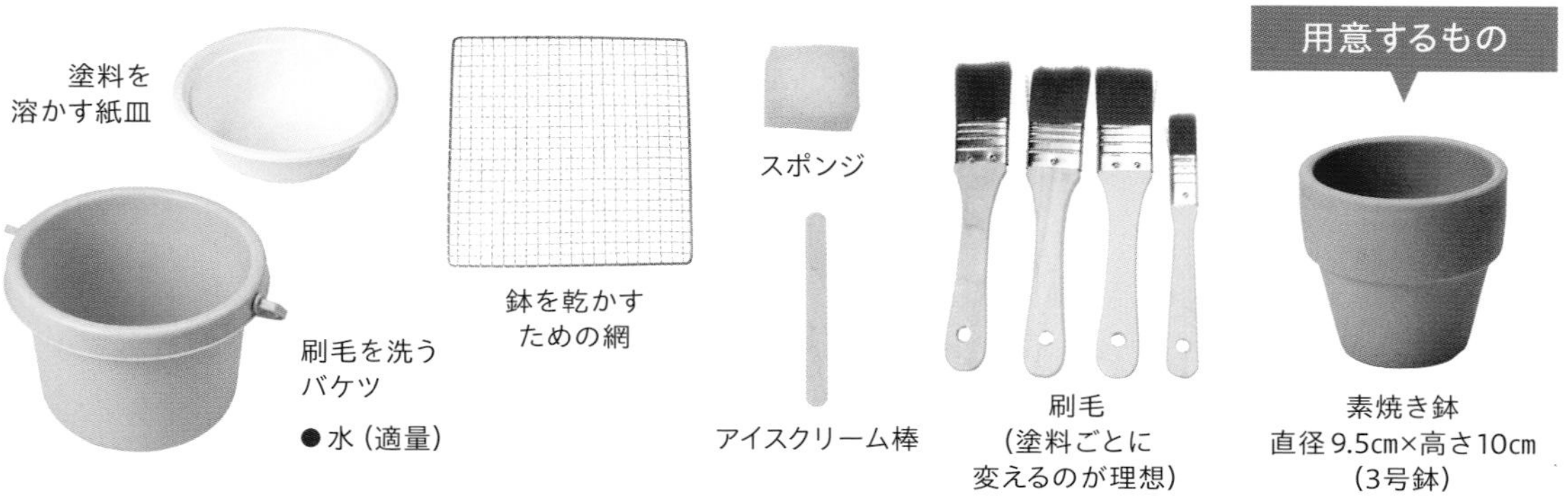

使用する塗料類

ターナー色彩株式会社のミルクペイントシリーズは、ミルクを原料とした安心な水性ペイント。伸びがよく、マットな仕上がりで、乾燥後は耐水性になります。

① マルチプライマー

下塗りに使用することで、素焼きや陶器など塗料がのりにくい素材に、ミルクペイントの密着性を向上させます。

② プラスターメディウム（漆喰風）

漆喰のような質感で、バターナイフやアイスクリームの棒などで塗り、さまざまなテクスチャーが表現できます。

③ ミルクペイント for GARDEN モルタルグレー

ガーデニングDIYに向く塗料。地色を塗るのに使います。

塗ったところ

④ ミルクペイント クリームバニラ

地色の上に塗るニュアンスカラー。

⑤ アンティークメディウム

汚しをつけることで、味のある年代物を思わせるエイジングができます。

⑥ アクリルガッシュ

「苔色」の絵の具をところどころに塗ることで、表面にうっすら苔が生えたような雰囲気を表現できます。

⑦ トップコートクリア

塗装後に上塗りすると、つやが出るとともに紫外線や汚れから守ることができ、耐久性が増します。

つくり方

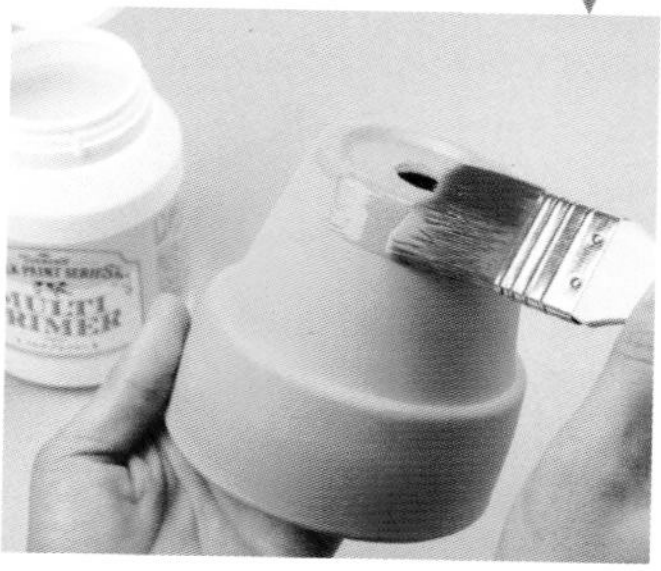

1 マルチプライマーを底、側面、内側3cmに塗り乾かす。

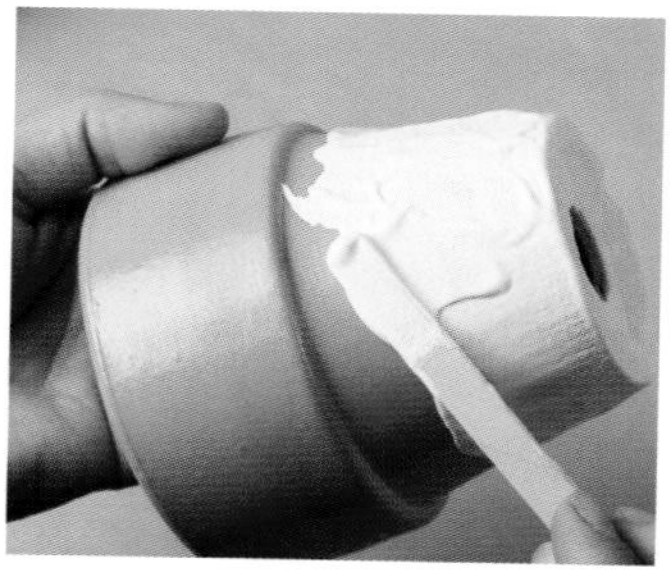

2 アイスクリーム棒でプラスターメディウムを底から塗る。

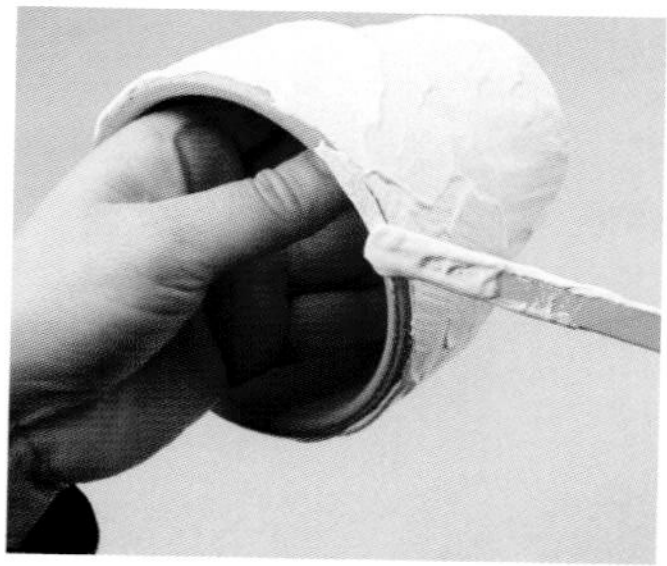

3 均一に塗らず凹凸が出るように。その後1〜2日乾かす。

4 乾かす際は、水を入れたペットボトルを使う。

5 下地が見えないように、丁寧にモルタルグレーを塗る。

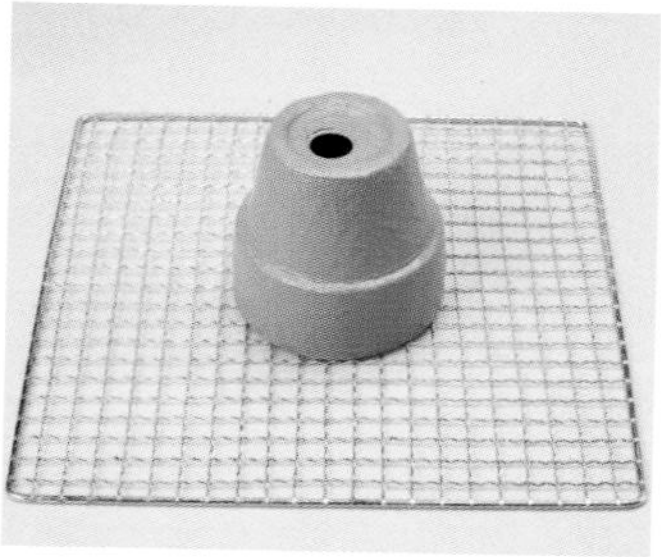

6 乾かす際は、金網を使ってもよい。

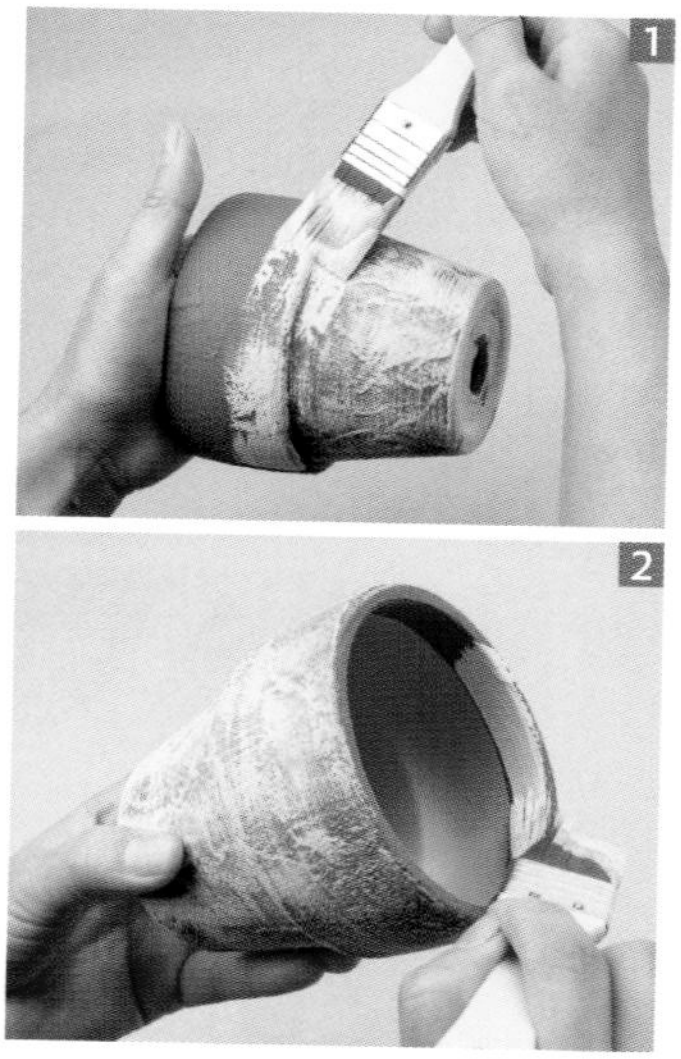

7 かすれた感じにクリームバニラを塗る。内側も忘れずに。

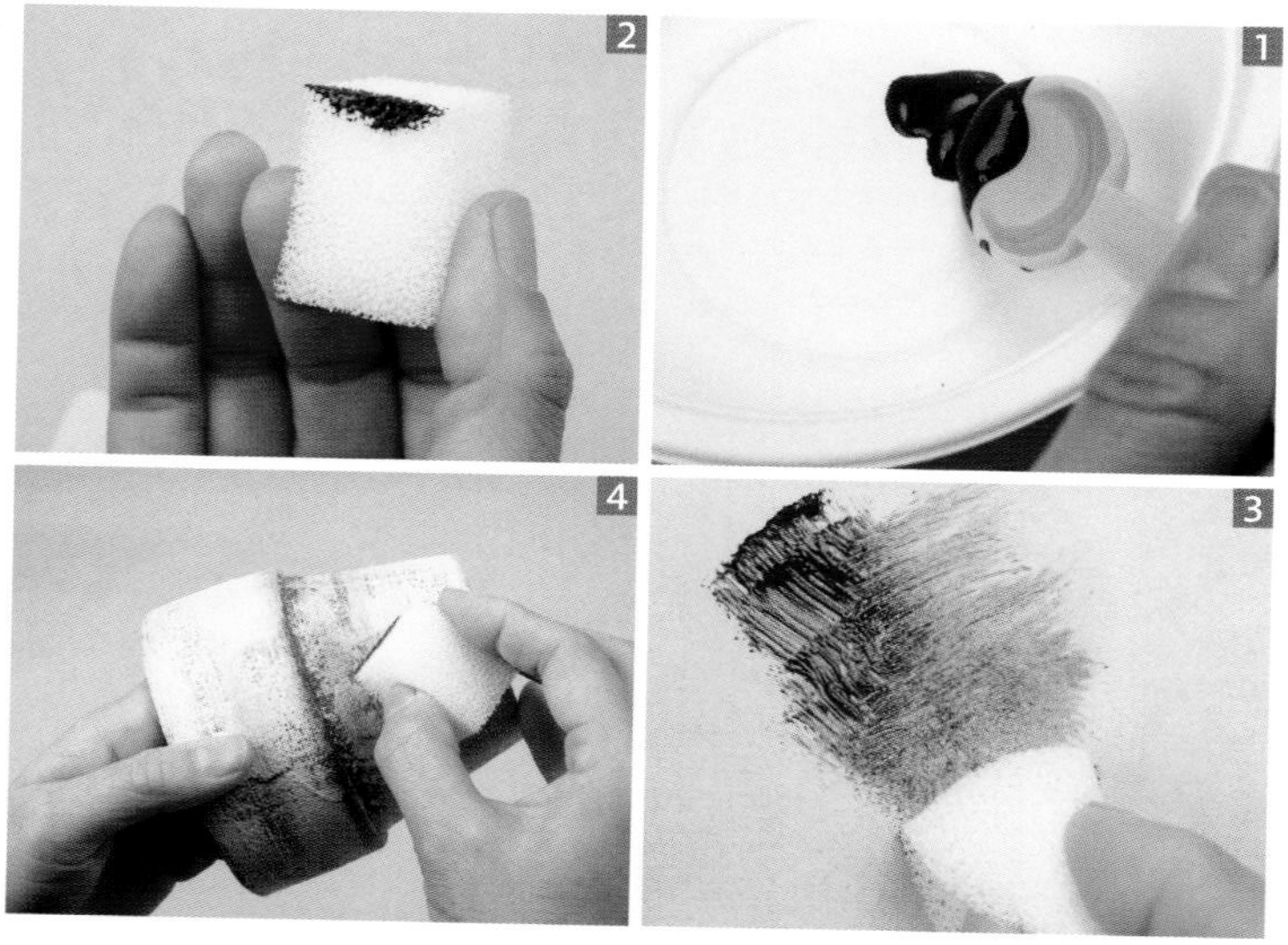

8 アンティークメディウムをスポンジに少量取り、塗料の量を調整してから鉢の表面を軽くポンポンと叩くようにして汚しを入れる。
縁や段差の部分は濃い目に。

9 苔の色合いのアクリルガッシュは少量の水で薄め、よく混ぜる。

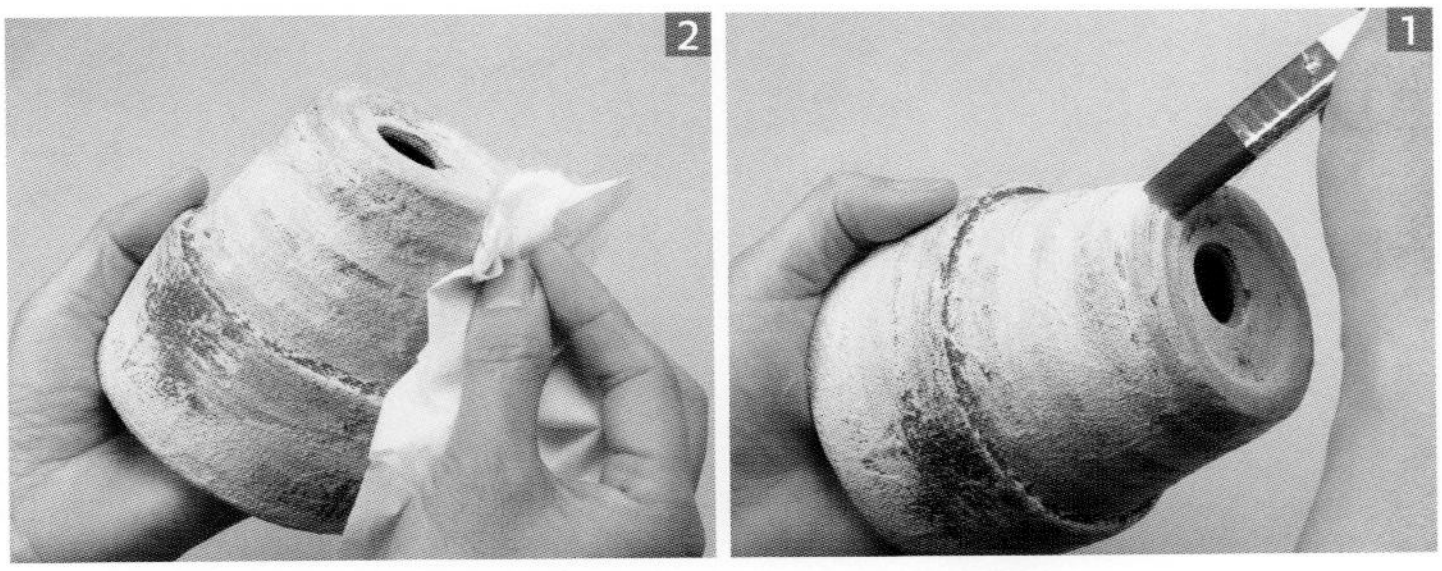

10 塗ってはティッシュペーパーでこするなどして、自然に苔むした雰囲気に。刷毛の大きさを変えて、広い面積と細かい部分を塗り分ける。

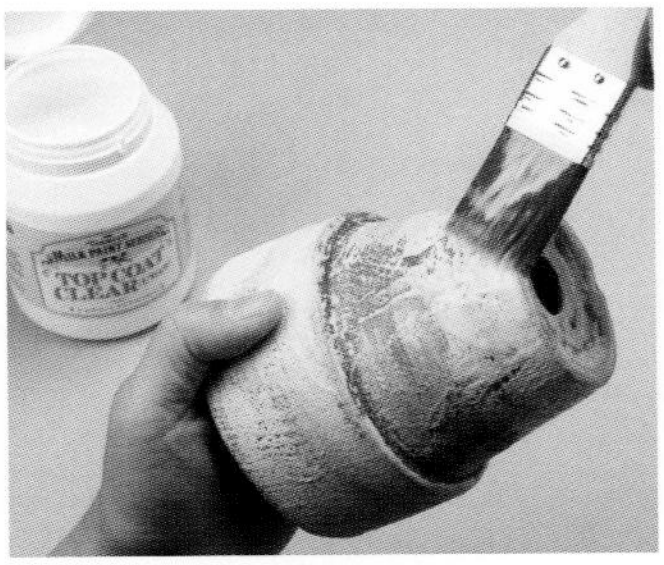

11 ⑩が乾いてからトップコートクリアを塗る。

12 使い終わった刷毛はすぐ水につけておくと、あとで汚れを落としやすい。

右：カランコエ 黒兎、カランコエ・ミロッティ
左：グラプトベリア‘デビー’、クラッスラ 南十字星、セネシオ グリーンネックレス

紙ナプキンから
お気に入りの柄を
探す

紙ナプキンからお気に入りの部分を切り抜いて集めておくと、デコパージュに活用できます。

用意するもの

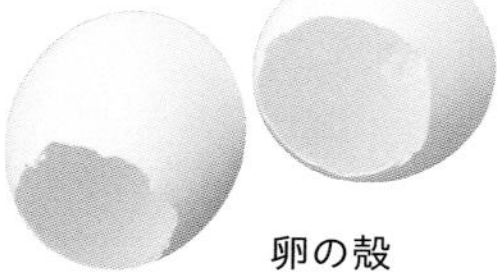

卵の殻

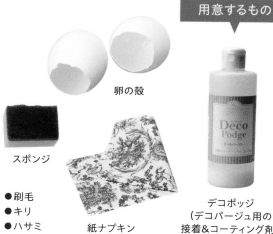

スポンジ

紙ナプキン

デコポッジ
（デコパージュ用の
接着&コーティング剤）

- ●刷毛
- ●キリ
- ●ハサミ

卵の殻のデコパージュで ミニサイズの多肉をかわいく

デコパージュとはペーパーを切って小物に貼りつけコーティングして仕上げる装飾の技法です。ここでは卵の殻を使ったデコパージュをご紹介。挿し芽で増やした小さな株などに利用してみては？

植えてあるのはエケベリア 群月花とパキフィツム 月美人。

つくり方

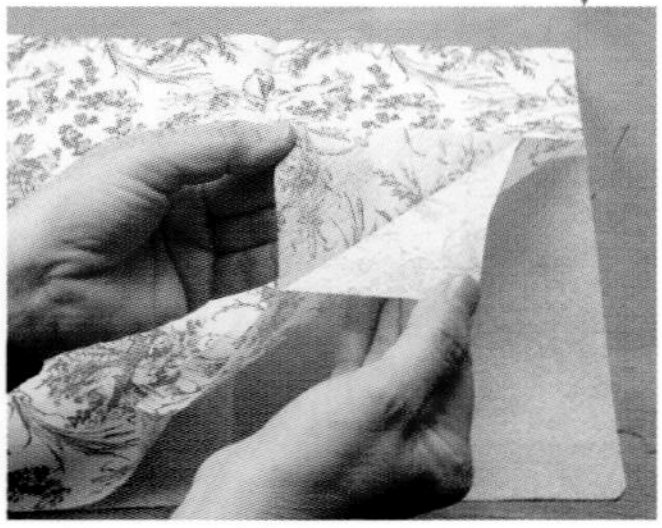

1 紙ナプキンは一般的に3層になっているので3枚に剥がす。

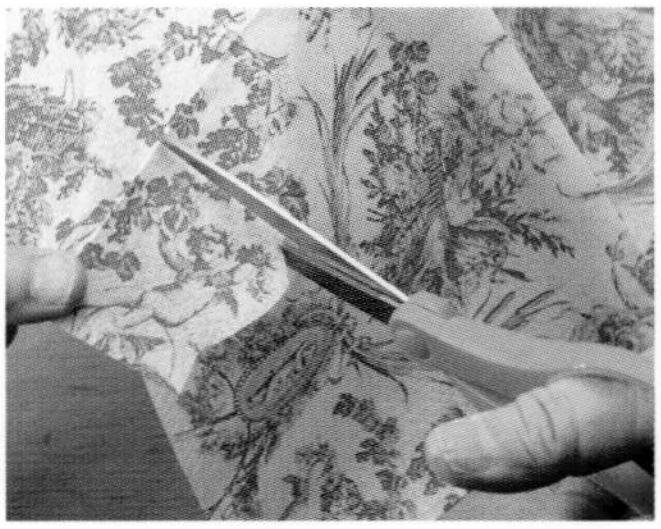

2 絵が印刷されている部分から、好きな絵柄を切り取る。

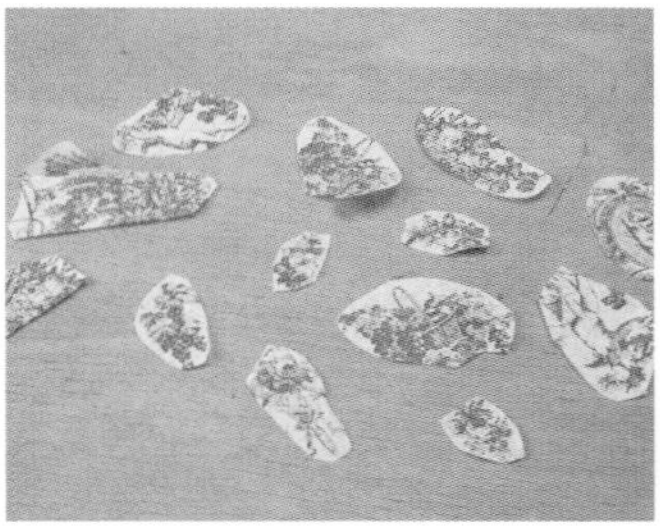

3 絵を切り抜いた状態。

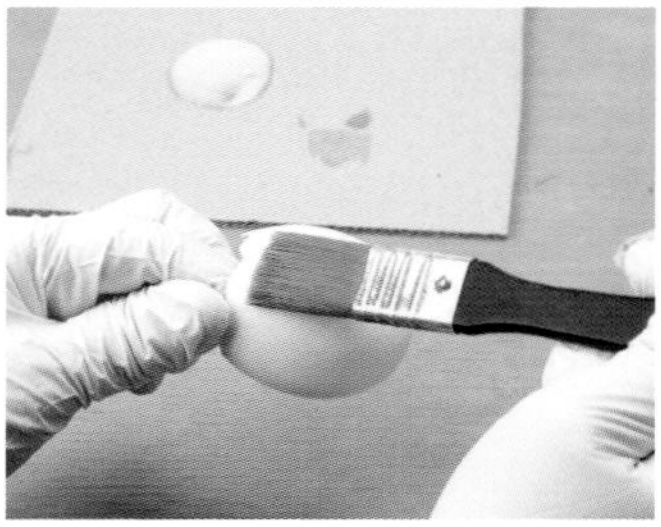

4 よく洗って乾かした卵の殻にデコポッジを塗る。

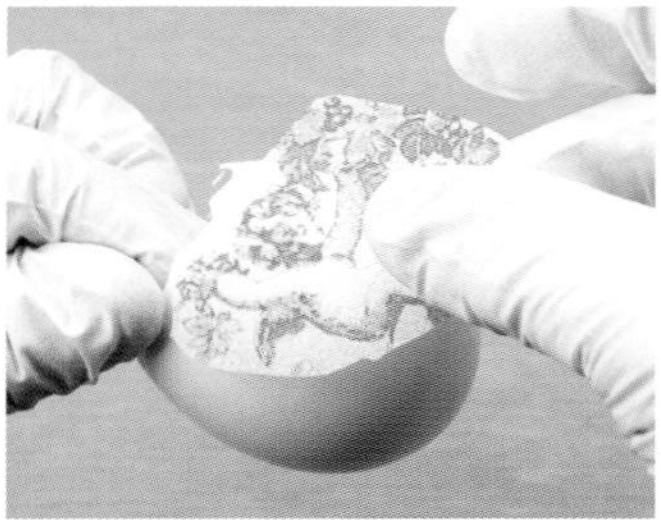

5 紙ナプキンの絵を少しずつ重ねながら貼る。

6 スポンジで軽く押して、卵の殻に絵を密着させる。

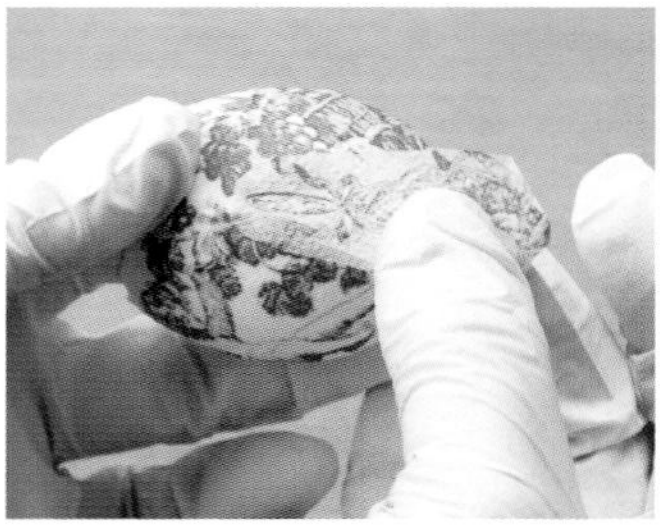

7 紙を重ねながら、隙間がないように絵を貼る。

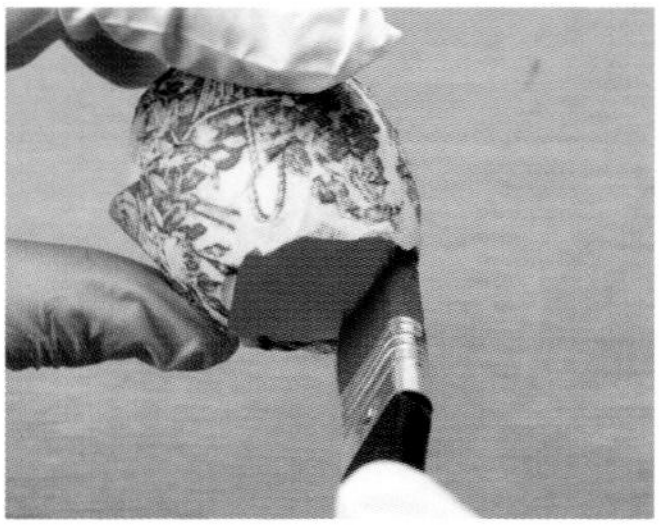

8 卵の内側の縁にもデコポッジを塗る。

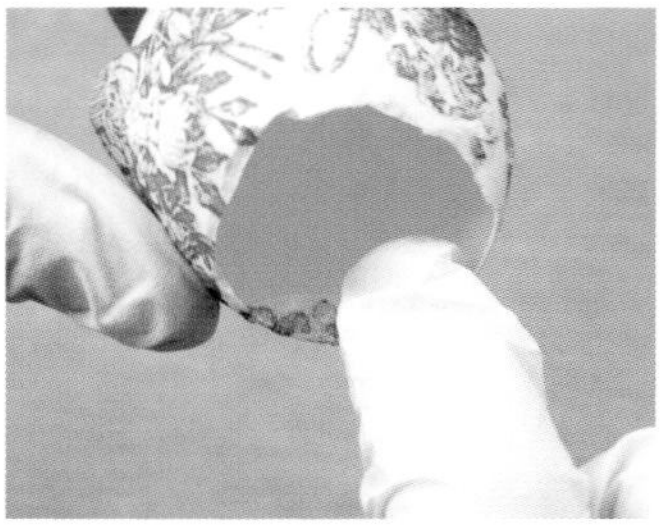

9 絵の端を卵の内側に折り返す。

10 貼り終えたらコーティングとして全体にデコポッジを塗る。

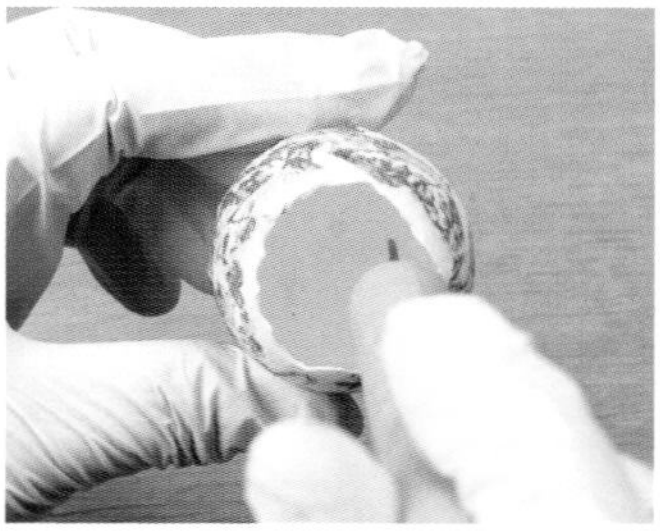

11 底にキリで穴をあける。

できあがり
用土を入れ
小さな多肉を
植えよう！

09

球根植物と一緒に楽しむ

丈夫で育てやすいセダム類と
小型の球根植物を組み合わせると
早春～春の訪れが楽しみです。

春に先駆け
スノードロップが
2月中旬に開花。

春を呼ぶ 小さな球根植物と セダム類を合わせて

秋に小さな球根植物を仕込んで多肉植物の寄せ植えをつくってみませんか。秋～冬は多肉植物の寄せ植えとして早春からは芽吹き、花を楽しんで。セダム類がグラウンドカバー風になり愛らしさ満点です。

スイセン
‘ジュリアジェーン’と
2種のセダムの
寄せ植え。

用意するもの

用土B（p27参照）

- 筒型土入れ
- ハサミ　●ピンセット
- 割りばし　●ジョウロ

リメイク缶
（つくり方はp126参照）
直径7cm×高さ10cm

植える植物

セダム
黄金細葉万年草

セダム
モリムラマンネングサ

スノードロップ

つくり方

1 リメイク缶の半分くらいまで用土を入れる。

2 スノードロップはなるべく根鉢を崩さずにポットから出す。

3 根鉢ごと、缶の中にそっと入れる。

4 ウォータースペース分1cmほど、縁から土が下がった状態。

5 モリムラマンネングサは根をハサミで1cmくらいに切る。

6 植えやすい大きさに切り分ける。

7 ピンセットで根元をはさみスノードロップをよけて植える。

8 割りばしでセダムの位置や高さを調整。

9 黄金細葉万年草も小分けして植える。

10 割りばしで植えたセダムを寄せて、新たに植える場所をつくる。

11 ピンセットで黄金細葉万年草の茎を切り、隙間があいている場所に1本ずつ挿していく。

12 底から流れるまで水を与える。

芽が伸びるのが楽しみ!

多肉植物と合わせやすい
小さな球根植物

セダム類との寄せ植えに向いているのは、一般的に小球根と呼ばれる植物。スイセンはミニタイプ、チューリップは原種系がおすすめです。

ミニアイリス

ミニスイセン

原種系チューリップ

ムスカリ

クロッカス

ラケナリア

ラペイロージア

水苔でナチュラルなリメ缶

キャンベルスープの空き缶が、水苔や小枝で大変身。
切り抜きや落ち葉など、工夫して遊んでみましょう。

❶空き缶の底に数カ所、水抜きの穴をあける。

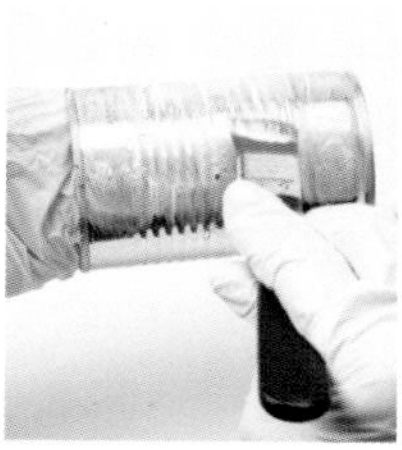

❷シーラーで下塗りをして乾かしておく。

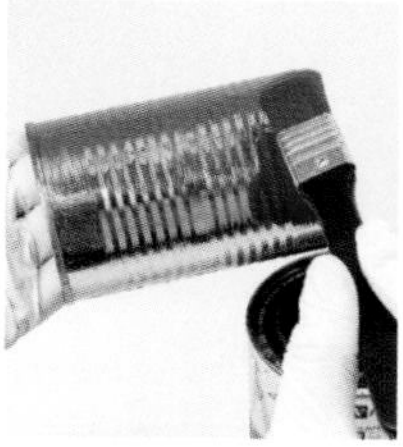

❸水性ペンキを塗って、乾かしておく。

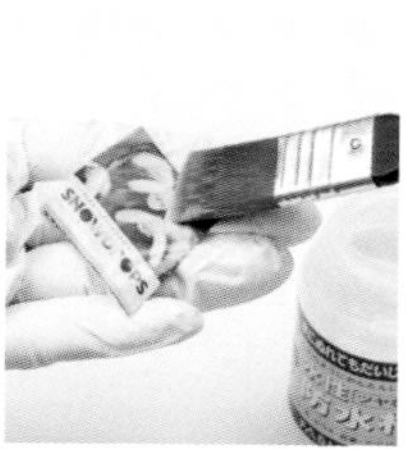

❹雑誌の切り抜きは、つやなし防水剤を塗る。

❺水に戻した水苔を缶の表面に貼る。

❻小枝と水苔をラフィアで巻いて固定する。

❼落ち葉、スパニッシュモス*、切り抜きをのせ、水苔を足してラフィアで巻く。

*葉の細かいタイプのチランジアをドライにしたもの。

❽しっかり留まったらラフィアを切る。

❾ヘアスプレーをかけて固める。

ランダムに
仕上げるのが
ポイント

できあがり

Gallery
作品ギャラリー
球根植物と一緒に楽しむ

楚々とした花でナチュラルに

花に甘い香りがあり、
ワイルドフラワーとして
人気上昇中のキアネラ・アルバ。
春先の生育期に水を欲しがり
それ以外の季節は多湿を嫌うので
這性のセダムとは相性が抜群です。
虹の玉をアクセントに。

使っている植物：
キアネラ・アルバ ‘ピンク’（球根植物）
セダム・サクサグラレ
セダム 虹の玉

器のサイズ：
直径9㎝×高さ4.5㎝

つくり方のポイント

植え込み適期は秋。キアネラ・アルバは夏に休眠するので、セダム同様、秋まで水やりは控えめにし、半日陰で管理します。写真は空き缶をリメイクした器に植えています。

球根が芽を出す過程も愛でて

冬の間は数種類のセダムの
カラフルな色合いが魅力的。
早春、球根が芽を出してからは
伸びていく様が楽しみ。
開花を待ち望み、毎日眺めたくなります。

使っている植物：
（右）ムスカリ・ネグレクタム（球根植物）、セダム メキシコマンネングサ、セダム・パリダム、セダム・サクサグラレ モスグリーン
（左）ラペイロージア・シレノイデス（球根植物）、セダム・アクレ アウレウム、セダム・カムチャッカム、セダム メキシコマンネングサ ゴールド

器のサイズ：幅9.5㎝×奥行5㎝×高さ8.5㎝

つくり方のポイント

小球根とセダムを合わせる場合、葉色の違う這性セダムを3種類ほど植えると、カラフルでかわいく仕上がります。植える際、根鉢を缶の大きさに合わせてハサミでカットします。

10

多肉植物以外の草木と調和させる

比較的乾燥に強い植物と多肉植物の組み合わせで躍動的な作品をつくることができます。

一年を通して表情変化が楽しめる

多肉以外の植物と組み合わせる際は株元まで光と風が入るように植えるのがコツ。ユーフォルビア・リギダはハンギングで使った後の解体苗で、伸びた枝の形状を活かしています。植物の組み合わせから生まれる躍動感が見どころ。

植える多肉植物

コチレドン
福娘

カランコエ・
ベハレンシス

ハオルチア
'ペンタゴナ'

グラプトペタルム
姫秋麗

ドロサンテマム 銀緑輝

植える植物

アゴニス
'ブラックテール'

ユーフォルビア・リギダ

レケナウルティア(初恋草)

カレックス 'ジェネキー'

用意するもの

- 鉢底網
- 用土A(p27参照)
- パーライト
- 筒型土入れ
- ハサミ　● ジョウロ

ブリキ製の鉢
直径25cm×
高さ23cm

つくり方

1 ポットのまま並べてみて、おおよその配置を決める。

2 鉢底網を敷き、鉢の⅓くらいまでパーライトを入れる。

3 土の高さは一番根鉢が深い植物に合わせて入れる。

4 まず背の高いアゴニスから。根鉢のまわりを軽く緩める。

5 ウォータースペースを2cmくらい取る。

6 土を足していく。

7 ユーフォルビアは蕾が前に垂れるので向きをよく見る。

8 適宜、土を足しながら植え進める。

9 カレックスは根鉢を手で固めて小さくする。

10 根を切らないようにし、配置する。

11 多肉植物は根鉢をかなり崩しても大丈夫。

12 福娘を配置したところ。

13 枝が前に垂れるようにユーフォルビアを配置。

14 鉢の際はしっかり土を入れて、指で押して隙間をなくす。

15 レケナウルティアはあまり根鉢を崩さず配置。

16 ハオルチアは傷んだ下葉を取っておく。

17 やや外側に傾けてハオルチアを配置。

18 カランコエはやや外傾、銀緑輝は茎をふわっと垂らす。

19 姫秋麗は葉が落ちやすいので、スペースを確保しておく。

20 株と株の間、株と縁の間にしっかり土を入れる。

21 指で突いて土中の隙間をなくし、沈んだ分土を足す。

22 底から流れ出るまで水をやる。

できあがり
色は上品
存在感も
十分！

大型プランターで存在感のある寄せ植え

大型プランターで、ドライガーデン風に。
石を使うと景観上も映え、雑草防止にもなります。
存在感のある七福神を植え、グラウンドカバーにはセダムを。
アカシア・フロリバンダは乾燥に強く
花期にはクリーム色の花を枝にびっしり咲かせます。

植える植物

ユーフォルビア・
ミルシニテス

ユーフォルビア・
アスコットレインボー

アカシア・フロリバンダ

植える多肉植物

セダム
虹の玉

パキフィツム
月花美人

セダム・
パリダム

セダム
黄金細葉万年草

エケベリア
七福神

用意するもの

- 鉢底石
- 草花用培養土
- スコップ
- ジョウロ

石（コッツウォルズストーンなど）
適量

プランター
幅80cm×奥行31cm
×高さ34cm

つくり方

1 底から$\frac{1}{4}$～$\frac{1}{3}$の深さまで鉢底石を入れる。

2 一般草花用培養土を入れる。

3 土の量は主木の根鉢の高さとウォータースペースを考慮。

4 大きめの植物はポットごと仮置きして場所を決める。

5 七福神はポットを斜め下に向けてポットから抜く。

6 根鉢は崩さず、やや前方に傾けて配置する。

7 背後のユーフォルビアを植え、縁にしっかり土を入れる。

8 手前に植えるユーフォルビアは、縁から垂れるように。

9 大きな植物を植え終わったら、土を足す。

10 七福神の葉を少しもちあげ、葉がかかるよう石を配置。

11 バランスを見て石を配置。少し重ねてもよい。

12 セダムは根鉢のまま使う。

13 ポコッとはめるようにセダムを配置。

14 狭い場所は、手で株分けをして植える。

15 石の近くに植えると明るい葉色とのコントラストが出る。

16 パリダムも根鉢ごと植える。

17 虹の玉を根鉢ごと、プランターの角に配置。

18 月花美人を配置。

19 虹の玉を株分けし、ところどころにアクセントに。

20 株と株の間、プランターの縁にしっかり土を入れる。

21 底から流れ出るまで水をやる。

できあがり
駐車場やベランダのポイントに

Gallery

作品ギャラリー

多肉植物以外の草木と調和させる

あえて暴れた株で造形的な面白さを追求

木質化した枝が暴れた株を用い、動きを出した寄せ植え。
つくってから一年以上たち、自由奔放に伸びて面白い形に育ちました。
脚付きの鉢なので、すくっと背の高いテトラゴナでバランスをとっています。

使っている植物：

❶クラッスラ・テトラゴナ
❷グラプトペタルム ブロンズ姫
❸セネシオ 紫蛮刀
❹クラッスラ・ロゲルシー
❺グラプトベリア 'ピンクプリティ'
❻エケベリア 'パールフォンニュルンベルグ'
❼セデベリア 樹氷
❽セダム 虹の玉
❾グラプトベリア 'オパリナ'
❿グラプトペタルム 朧月

多肉植物以外：

⓫カレックス ブキャナニー

器のサイズ：

1辺18cm×高さ28cm

つくり方のポイント 伸びて暴れた枝の面白さを出すために、高さのある脚付きの器を使用。背景にカレックスを植えることで、動きが出ます。この先、多肉植物の枝が伸びすぎたら、根元から切り、葉の部分は挿し芽をして増やすこともできます。

育てやすい
多肉植物図鑑

主に初心者でも育てやすく、比較的手に入りやすい品種を紹介しています。
一部を除き、寄せ植えなどでも利用しやすい品種が多いので
さまざまな楽しみ方を試してみてください。

図鑑の見方

品種の配列は属ごとになっていますが、性質が似たものをまとめている場合もあります。1属につき、代表として1品種のみ紹介している場合もあります。属名は原則として近年の分類に準じていますが、旧分類が強く支持されている場合など、例外もあります。

生育型
春秋型、夏型、冬型のいずれかを表示。
それぞれの生育型についての説明はp15を参照

植物の名前
種小名、和名、園芸名など
一般的な名称

学名
植物の学名の欧文表記。
なかには見解が
分かれるものもあります。

解説
特徴や育て方のポイント
などを解説

栽培カレンダー
季節ごとの生育状況や
育て方の、おおまかな目安。
関東平野部を
標準にしています。

別名
別名がある場合は
表示

春秋型

エレガンス（別名：月影）
Echeveria elegans

白緑色の葉は丸みを帯び、縁は半透明になります。

12月	11月	10月	9月	8月	7月	6月	5月	4月	3月	2月	1月	
休眠期	生育緩慢	生育期		休眠期			生育期		生育緩慢	休眠期		生育状況
日当たりのよい屋内	風通しのよい日向			雨の当たらない風通しのよい半日陰			風通しのよい日向			日当たりのよい屋内		置き場所
葉水を1カ月に1～2回	表土が乾いたらたっぷりと			10日に1回程度、軽く水やりを		徐々に減らす	表土が乾いたらたっぷりと		徐々に増やす	葉水を1カ月に1～2回		水やり
	植え替え、株分け、切り戻し、挿し芽、葉挿しなど						植え替え、株分け、切り戻し、挿し芽、葉挿しなど					作業

多肉植物の名前はややこしい!?

「同じ品種なのに、違う名前で売られているのはなぜ？」
「名前の表記方法がよくわからない」など
多肉植物の名前に関する謎や疑問にお答えします。

同じ品種が違う名前で呼ばれることも

多肉植物の「名前」はややこしくて、わかりにくいという声をよく聞きます。学名由来の種小名《しゅしょうめい》で呼ばれることもあれば、和名、あるいは国際栽培植物命名規約に則った園芸名など、さまざまな呼び方が混在しているからです。

国内における多肉植物の流通名は、学名と違って、きちんとした決まりがありません。そのため生産者によって、同じ植物が違う名前で呼ばれる場合もあります。

本書の「育てやすい多肉植物図鑑」では、（別名）という項で、なるべくさまざまな呼び名を拾うようにしています。

例【学　名】Sedum burrito
【流通名】ビアホップ、姫玉つづり、新玉つづり

学名表記について

シノニム（異名）といい、複数の学名が存在することもあります。また、var.（変種）、ssp.（亜種）、cv.（園芸品種）といった表示で詳細を示す場合もあります。ちなみに同じ品種で斑入り種やトリカラー（葉が3色）の場合は、学名の最後に *f. variegata* とつきます。

最近は属の変更などもあります。たとえばセダム属とされていた‘ドラゴンズブラッド’は、フェディムス属とされることも。専門家の見解が分かれる場合もあるため、文献によって記述の違いも出てきます。

私たちが目にする多肉植物の多くは、原種ではなく、生産者や個人が交配を行った園芸品種です。園芸品種のうち、国際栽培植物命名規約に則ったものは、‘○○○’（一重クォーテーション）で表示されます。

基本種となる原種がわかる表記の例

属名＋種小名＋園芸品種名
Crassula capitella ‘Camp Fire’
（和名：火祭り）

基本種となる原種の種小名が明記されていない例

属名＋園芸品種名
Sedum ‘Rotty’

詳細不明の品種も

多肉植物は昔からいろいろな人が交配して楽しんできたことから、詳細不明で、属があやふやな品種も存在します。また、異なる品種に同じ流通名がつけられているケースも。そんなこともあり、確かに多肉植物の名前がややこしいのは事実です。でも、だからこそ奥が深く、面白いともいえます。

学名を調べてみると、「おっ、この品種とこの品種は親戚関係にあるらしい」などとわかることもあり、知的好奇心をかきたててくれるはず。ときには育て方のヒントになる場合もあります。

ベンケイソウ科の多肉植物

ベンケイソウ科は多肉植物を多く含む科で世界中に分布していますが、とくに北半球と南アフリカに多く、乾燥気味の環境に適応した姿をしています。

【エケベリア属】
Echeveria

原産地　中米の主に高地

特徴　肉厚の葉をロゼット状につけ、上から見るとバラの花のように見えます。長い花茎の先に花をつけ、秋に紅葉する品種も多くあります。毎年のように内外で新しい交配種が発表されています。

育て方のコツ　自生地は最高気温が25℃を超えない高原が多く、日本の高温多湿は苦手です。夏は風通しのよい半日陰などで管理を。冬は霜に当てないようにします。成長が早く、育てやすいグループです。

春秋型

アフィニスhyb.
Echeveria affinis hyb.

赤紫色がかったシックな葉色が人気。黒系エケベリアの代表種。

春秋型

‘アイスピンキー’
Echeveria ‘Ice Pinky’

葉の縁からほんのりピンク色に紅葉するのが特徴。

春秋型

エレガンス（別名：月影）
Echeveria elegans

白緑色の葉は丸みを帯び、縁は半透明になります。

春秋型

‘エメラルドリップル’
Echeveria ‘Emerald Ripple’

葉は小さめで深めの緑色で、葉の縁がほんのり紅色に色づきます。

銀明色《ぎんめいしょく》

Echeveria carnicolor

葉は先が尖り、秋に紫がかった葉色に。株脇から花茎が伸びます。

錦晃星《きんこうせい》

Echeveria pulvinata 'Ruby'

ビロードのような触感の葉で、冬の寒さに当たると紅葉します。

'オリオン'

Echeveria 'Orion'

ほんのりピンクを帯びた葉色が特徴。花色は黄色です。

'キュービックフロスト'

Echeveria 'Cubic Frost'

肉厚の葉が反りかえるのが特徴。紫がかった葉色です。

エケベリア属（春秋型）の栽培カレンダー

12月	11月	10月	9月	8月	7月	6月	5月	4月	3月	2月	1月	
休眠期	生育緩慢	生育期		休眠期			生育期		生育緩慢	休眠期		生育状況
日当たりのよい屋内		風通しのよい日向		雨の当たらない風通しのよい半日陰				風通しのよい日向		日当たりのよい屋内		置き場所
葉水を1カ月に1～2回		表土が乾いたらたっぷりと		10日に1回程度、軽く水やりを		徐々に減らす	表土が乾いたらたっぷりと		徐々に増やす	葉水を1カ月に1～2回		水やり
		植え替え、株分け、切り戻し、挿し芽、葉挿しなど						植え替え、株分け、切り戻し、挿し芽、葉挿しなど				作業

春秋型

‘クリスマスイブ’
Echeveria ‘Christmas Eve’

緑の葉に赤い縁取りが入る、クリスマスカラーが特徴。

春秋型

グスト
Echeveria ‘Supia’

葉が小さく、枝分かれしながら上に伸びる木立ち性のエケベリア。

春秋型

‘ゴールデングロウ’
Echeveria ‘Golden Glow’

葉はやや細長く、秋にオレンジがかったピンクに色づきます。

春秋型

ケッセルリンギアナ
Echeveria elegans var. *kesselringiana*

青緑色で、エケベリアのなかでも1、2を争う肉厚の葉が特徴。

春秋型

群《ぐん》月《げっ》花《か》
(別名:群月冠、スプリングジェイド)
Echeveria ‘Gungekka’

さわやかな色合いで、上に伸びるタイプ。セデベリアに分類されることも。

春秋型

沙《さ》羅《ら》姫《ひめ》牡《ぼ》丹《たん》
Echeveria ‘Sarahimebotan’

気温が下がると葉裏から紫色に色づき、グラデーションが優美。

春秋型

サブセシリス
Echeveria subsessilis

ブルーグレーの葉の縁が、わずかにピンク色に染まります。

春秋型

こころ
Echeveria ‘Kokoro’

乳白色の優しい色で、葉の尖りが特徴。‘ローラ’の別名という説も。

春秋型

相《そう》府《ふ》蓮《れん》

Echeveria agavoides 'Soufren'

細い葉がボール状にまとまり、秋から色づき冬には真っ赤になります。

春秋型

七福神《しちふくじん》

Echeveria secunda 'Shichifukujin'

明治時代頃から日本でよく育てられている、丈夫な大型品種。

春秋型

パーパソルム'グリーンギルバ'

Echeveria purpusorum 'Green Gilva'

葉は分厚く、先が尖ります。花の存在感も見どころ。

春秋型

'ティッピー'

Echeveria 'Tippy'

葉色は淡く、尖ったティップ（葉先）が赤く染まるところからこの名が。

春秋型

高砂《たかさご》の翁《おきな》

Echeveria 'Takasago No Okina'

直径30㎝くらいになる大型種。葉はフリル状になり、縁は赤に。紅葉も見事。

ハムシー(別名:花の司)
Echeveria harmsii

葉は産毛で覆われており、紅葉期には葉先がワインレッドに染まります。

'パールフォンニュルンベルグ'
Echeveria 'Perle Von Nurnberg'

葉色は年間を通してパープルピンクで、葉がわずかに内巻きになります。

ハーガイ'トリマネンシス'
Echeveria haagai 'Tolimanensis'

葉はむっちりしており、夏は緑で、秋から紫色がかります。

'バロンボールド'
Echeveria 'Baron Bold'

紅色と深緑色のコントラストが美しい葉の上に、盛り上がったコブができます。

春《はる》うらら
Echeveria 'Haruurara'

肉厚で葉の縁が紅色になり、比較的大きくなりやすい品種。

'パリダプリンス'
Echeveria 'Pallida Prince'

黄緑色の大ぶりの葉が広がります。'ローレンス'と同種という説もあります。

紅司《べにつかさ》(別名:ノドゥロサ)
Echeveria nodulosa

オリーブグリーンに筆で描いたように紅色の筋が入る個性的な葉が特徴。

'ブルーバード'
Echeveria 'Blue Bird'

青みがかった葉の表面が白っぽく粉を吹き、尖った葉先はわずかにピンク色に。

春秋型

‘マディバ’

Echeveria ‘Madiba’

ダークな葉色で縁はピンクがかり、内向きにカーブします。

春秋型

‘マチェット’

Echeveria ‘Machete’

細長い葉はむちっとしており、葉色はブルーグレー～ピンク。

春秋型

‘ペルシダ’

Echeveria ‘Pellucida’

葉はブルーグレーで、縁は赤。花うららと同種ともいわれています。

春秋型

‘メラコ’

Echeveria ‘Melaco’

葉はツヤがあり肉厚で大きく、内側にカール。冬は見事なワインレッドに。

春秋型

女雛《めびな》

Echeveria ‘Mebina’

葉はブルーグリーンで細く、先は紅色に。子株を出して群生します。

春秋型

‘ムーンシャイン’

Echeveria ‘Moonshine’

オリーブグリーンの葉の縁は紅色。紅葉すると全体が紅色になります。

春秋型

‘ルビースター’

Echeveria ‘Ruby Star’

葉先が赤く、秋以降中心部からピンクに紅葉し、上から見ると輝く星のよう。

春秋型

雪雛《ゆきびな》

Echeveria ‘Yukibina’

葉は小ぶりで、こんもりまとまります。冬はとくに葉が白っぽくなるのが特徴。

春秋型

モラニー

Echeveria moranii

紅葉が美しい品種。暑さに弱いので、夏の管理に注意。

春秋型

グラプトペタルム 姫秋麗《ひめしゅうれい》
Graptopetalum mendozae

葉は小さくてプチプチしており、寒くなるとピンク色に紅葉します。

【エケベリアの仲間】

原産地　北米、中南米など

特徴　グラプトペタルム属はエケベリア属ともセダム属とも近く、葉はロゼット状になり、多くは上に伸びる性質があります。グラプトベリア属は、グラプトペタルムとエケベリアの属間交配種で、育てやすく、肉厚な葉が特徴。セデベリア属はセダムとエケベリアの属間交配種です。

育て方のコツ　日当たりと風通しのよい場所で育てます。梅雨から夏にかけてはとくに風通しに気をつけるように。株分けは春〜夏が適期。

春秋型

グラプトペタルム・ペンタンドルム
Graptopetalum pentandrum

淡いシルバーパープルのマットな葉が特徴。葉は広がり気味です。

春秋型

グラプトペタルム ブロンズ姫
Graptopetalum paraguayensis 'Bronz'

赤味があるツヤのある葉は、紅葉するとブロンズ色に。グラプトセダムに分類されることも。

春秋型

グラプトベリア 'デビー'
（別名：パープルクイーン）
Graptoveria 'Debbi'

紫葉の品種で、育てやすく、比較的大きく育ちます。

春秋型

グラプトベリア 白牡丹《はくぼたん》
Graptoveria 'Titubans'

淡い葉色で、牡丹を思わせるロゼットに。紅葉は葉先がほんのりピンクに染まる程度。

春秋型

グラプトペタルム 秋麗《しゅうれい》
Graptopetalum 'Francesco Baldi'

グラプトペタルム 朧月とセダム 乙女心の交配種。グラプトセダムに分類されることも。

春秋型

グラプトベリア 初恋《はつこい》

Graptoveria 'Huthspinke'

葉はほんのりピンク色を帯び、紅葉するとさらにピンクが濃くなります。

春秋型

グラプトベリア 薄氷《はくひょう》

(別名:姫朧月)

Graptoveria 'Caerulescens'

葉はロゼット状になり、茎は上に伸びます。丈夫でよく増えます。

春秋型

グラプトベリア 'トップシーデビー'

Graptoveria 'Topsy-Debbi'

赤紫色の肉厚な葉は粉を吹き、ゆったりとしたロゼット状に開きます。

春秋型

セデベリア 樹氷《じゅひょう》

Sedeveria 'Soft Rime'

葉はぷっくりとしてやや細長く、葉先がほんのり紅葉します。

春秋型

グラプトベリア 'ピンクルルビー'

Graptoveria 'Bashful'

ツヤのある肉厚で小さな葉がぎっちり詰まり、秋～冬、真っ赤に紅葉します。

春秋型

グラプトベリア 'ピンクプリティ'

Graptoveria 'Pink Pretty'

肉厚の葉はピンクがかり、秋～冬はとくにピンクが強くなります。

春秋型

セデベリア 'レティジア'

(別名:万華鏡)

Sedeveria 'Letizia'

鮮やかな緑色で、縁は赤に。冬になると、緑が幅広く赤く染まります。

春秋型

セデベリア 'マッコス'

Sedeveria 'Markus'

葉色は明るめのグリーンで、縁はピンク色に。茎立ちして上に伸びます。

春秋型

セデベリア 'ファンファーレ'

Sedeveria 'Fanfare'

細長い葉が打ち上げ花火のように広がり、存在感があります。

【クラッスラ属】
Crassula

原産地　世界各地

特徴　多様な姿の品種があるグループ。原産地の気候が異なるため、生育型は春秋型、夏型、冬型と品種によってそれぞれです。春秋型は紅葉する品種が多く、夏型は大型、冬型は小型の品種が主流です。

育て方のコツ　紅葉する春秋型は、夏は半日陰、秋になったらしっかり日差しを当てるように。夏型の品種は、冬は水やりを控えしっかり休ませましょう。冬型は、真夏は直射日光を避け、乾燥気味に管理を。

春秋型

アウセンシス

Crassula ausensis

肉厚の葉は微毛で覆われ、秋は葉先がピンクに。茎が伸びやすい品種。

春秋型

赫麗《かくれい》

Crassula corymbosa

葉は尖って上を向き、気温が下がると真紅に紅葉します。

春秋型

赤鬼城《あかおにじょう》

Crassula fusca

火祭りに似ており、やや小ぶりで茎がよく伸びる品種。

春秋型

ブロウメアナ
(別名:フラギリス)

Crassula expansa
ssp.*fragilis*

小さなつぶつぶの葉が特徴。紅葉も魅力です。高温多湿に弱いので注意。

春秋型

火《ひ》祭《まつ》り

Crassula capitella 'Camp Fire'

赤く尖った葉が炎のよう。寒さが増すと、鮮やかな赤色になります。丈夫な品種。

春秋型

春秋型

星《ほし》の王子《おうじ》

Crassula perforata

三角の葉が重なり合い、塔のように伸びます。挿し芽でよく増えます。

春秋型

紅稚児《べにちご》

Crassula pubescens ssp.*radicans*

春先にたくさんの白い花が咲き、愛らしさ満点。冬は紅葉します。

南十字星《みなみじゅうじせい》

Crassula perforata f.*variegata*

三角の葉が重なり合い、塔のように伸びます。上から見ると十字の模様に見えるところからこの名が。

春秋型

ムスコーサ

(別名：青鎖竜)

Crassula musucosa

小さな葉が積み重なり伸びてゆき、最長60㎝に。乾燥に強く丈夫です。

クラッスラ属（春秋型）の栽培カレンダー

12月	11月	10月	9月	8月	7月	6月	5月	4月	3月	2月	1月	
休眠期	生育緩慢	生育期		休眠期		生育期			生育緩慢	休眠期		生育状況
日当たりのよい屋内	風通しのよい日向			雨の当たらない風通しのよい半日陰			風通しのよい日向			日当たりのよい屋内		置き場所
葉水を1カ月に1～2回	表土が乾いたらたっぷりと		10日に1回程度、軽く水やりを			徐々に減らす	表土が乾いたらたっぷりと		徐々に増やす	葉水を1カ月に1～2回		水やり
	植え替え、株分け、切り戻し、挿し芽、葉挿しなど						植え替え、株分け、切り戻し、挿し芽、葉挿しなど					作業

春秋型

‘リトルミッシー’

Crassula pellucida ssp. *marginalis* ‘Little Missy’

小さい葉は、秋になると縁がピンクに染まります。寄せ植えでも活躍。

春秋型

紅葉《もみじ》祭《まつ》り

Crassula capitella ‘Trefu’

火祭りに似ており、やや小型。冬の紅葉は赤味が強く、見事です。

春秋型

若緑《わかみどり》

Crassula lycopodioides var. *pseudolycopodioides*

小さな鱗状の葉が重なり、上に伸びていきます。日照不足に注意。

春秋型

ルペストリス

Crassula rupestris

三角の肉厚な葉が小さなロゼット状になり、茎が伸びて低木化します。

夏型

円刀《えんとう》

Crassula cotyledonis

二枚貝の殻のような形の、微毛に覆われた肉厚の葉が重なっていきます。

夏型

ヴォルケンシー錦《にしき》

Crassula volkensii f. *variegata*

薄い葉に赤い斑点が出るヴォルケンシーのトリカラー品種。白っぽい覆輪が入り、秋になると赤味が強く出ます。

夏型

サルメントーサ

Crassula sarmentosa f.*variegata*

一見、多肉植物らしくない品種。葉は覆輪で、茎がぐんぐん伸びます。

夏型

‘ゴーラム’

Crassula ovata ‘Gollum’

棒状の葉の先端がへこみ、赤色に縁どられます。「金のなる木」の枝変わりで、木立ち化します。

夏型

フンベルティ

Crassula humbertii

小さな紡錘形の葉に赤茶色の斑点が入り、小花がたくさん咲きます。乾燥と日光を好みます。

夏型

神刀《じんとう》

Crassula perfoliata var. *falcata*

微毛に覆われた銀緑色の刀型の葉が左右に出る、特徴的な姿が魅力。

クラッスラ属（夏型）の栽培カレンダー

12月	11月	10月	9月	8月	7月	6月	5月	4月	3月	2月	1月	
休眠期		生育緩慢			生育期			生育緩慢		休眠期		生育状況
日当たりのよい屋内				風通しのよい日向				徐々に日当たりのよい屋外へ		日当たりのよい屋内		置き場所
断水		徐々に減らす			表土が乾いたらたっぷりと			徐々に増やす		断水		水やり
						植え替え、株分け、切り戻し、挿し芽、葉挿しなど						作業

【センペルビウム属】
Sempervivum

原産地　ヨーロッパ、中央アジア、中東の高地

特徴　多肉植物のなかでは、寒さに強いのが特徴。氷点下の気温でも冬越しします。ロゼット状の株が群生し、とても丈夫。寒さに当たると紅葉する品種が多く、次々と新しい園芸品種が発表されています。

育て方のコツ　関東平野以西では、通年屋外で管理を。生育期は日向～半日陰に置き、水の与えすぎに注意。夏は蒸れに注意し、半日陰の涼しい場所で管理。株分けで簡単に増やせます。

春秋型

‘キーライムキス’
Sempervivum ‘Key Lime Kiss’

明るい緑色で、葉形の美しさが際立つ品種です。

春秋型

小林《こばやし》レッド
Sempervivum ‘Kobayashi Red’

小型の葉がぎっしりと巻き、整った株姿に。見事な赤紫に紅葉。

春秋型

‘クランベリーカクテル’
Sempervivum ‘Cranberry Cocktail’

葉は大きめで細長く、気温が下がると美しい赤紫色に。緑との対比がカクテルのよう。

春秋型

‘ジャンヌダルク’
Sempervivum ‘Jeanne D'Arc’

葉先が尖り、やや反るのが特徴。赤紫色に紅葉します。

春秋型

酒井《さかい》
Sempervivum ‘Sakai’

葉は産毛に覆われ、赤紫色に紅葉します。

春秋型

‘プラムパフェ’

Sempervivum ‘Plum Parfait’

寒くなると、プラムのようなピンク〜紅色に紅葉します。

春秋型

‘ピレネカム’

Sempervivum tectorum var. ‘Pyrenaicum’

丸みを帯びやや肉厚な葉は先端が尖り、縁から赤紫色に紅葉します。

春秋型

‘レオカディアスネフュー’

Sempervivum ‘Leocadia's Nephew’

葉数が多く、小ぶりの葉が整ったロゼットになり、花のようです。

春秋型

‘ベリーブルース’

Sempervivum ‘Berry Blues’

葉はやや細長く、青緑色の葉は青みを残しつつ赤紫色に紅葉します。

センペルビウム属（春秋型）の栽培カレンダー

12月	11月	10月	9月	8月	7月	6月	5月	4月	3月	2月	1月	
休眠期	生育緩慢	生育期		休眠期			生育期		生育緩慢	休眠期		生育状況
日当たりのよい屋内	風通しのよい日向			雨の当たらない風通しのよい半日陰				風通しのよい日向		日当たりのよい屋内		置き場所
葉水を1カ月に1〜2回	表土が乾いたらたっぷりと			10日に1回程度、軽く水やりを		徐々に減らす	表土が乾いたらたっぷりと		徐々に増やす	葉水を1カ月に1〜2回		水やり
	植え替え、株分け、切り戻し、挿し芽、葉挿しなど						植え替え、株分け、切り戻し、挿し芽、葉挿しなど					作業

【セダム属 Sedum】

原産地　世界各地

特徴　ひじょうに種類が多く、日本にも自生種が多数あります。和名は「万年草《まんねんぐさ》」。多くは暑さ寒さに強く、育てやすく丈夫です。地面を這うようにして群生するものが多く、グラウンドカバーとしても活躍。木立ち性、枝が下垂するものなどもあります。

育て方のコツ　日当たりと風通しのよい屋外で管理。夏の直射日光は苦手です。梅雨や夏の雨に当たると蒸れて傷むことがあるので注意を。冬は乾燥気味に。

春秋型

アクレ アウレウム
(別名:ヨーロッパ万年草)

Sedum acre var.*aureum*

春の成長期に、葉先がクリームイエローに。グラウンドカバーにも。

春秋型

'オーロラ'

Sedum rubrotinctum 'Aurora'

虹の玉の斑入り種。ツヤのあるぷっくりした葉は、秋は鮮やかに紅葉します。

春秋型

黄金《おうごん》細葉《ほそば》万年草《まんねんぐさ》
(別名:ゴールドモス、ゴールデンカーペット)

Sedum japonicum 'Tokyo Sun'

日本原産。暑さ寒さに強く、−5℃程度でも耐え、丈夫でよく広がります。

春秋型

アルブム 'ヒレブランティ'

Sedum album 'Hillebrandtii'

小さく細長い葉が放射状に広がり、シックな赤紫色に紅葉します。

春秋型

コスミダトム(別名:クスピダツム)

Sedum cuspidatum

葉が大きいタイプのセダム。葉色はややブロンズ色がかり、ツヤがあります。

夏型

乙《おと》女《め》心《ごころ》

Sedum pachyphyllum

ふっくらしたライムグリーンの葉先が赤に染まり、コントラストが魅力。日照不足だと、色づきが悪くなります。

春秋型

サクサグラレ（別名：六条万年草）
Sedum sexangulare

小さな葉が集まり金平糖のように見え、秋は赤味を帯びます。寒さに強い品種。

冬型

小松緑《こまつみどり》
Sedum multiceps

木立ち性で枝が伸び、松の盆栽のように成長。葉は枝の先に密集します。

春秋型

粉雪《こなゆき》
Sedum australe

葉は青みがかり、秋には紅葉します。枝が上に伸びるタイプです。

春秋型

白雪《しらゆき》ミセバヤ
（別名：'ケープブランコ'）
Sedum spathulifolium ssp. *pruinosum*

丸く白っぽい葉が集まり、小さな花のよう。耐寒性は強く、夏の暑さは苦手。

春秋型

'サンライズマム'
（別名：イエロームーン、新立田）
Sedum 'Sunrise Mom'

細長くツヤがある黄緑色の葉は、秋に葉先がオレンジ色がかります。

セダム属、セダム属に近い品種（春秋型）の栽培カレンダー

12月	11月	10月	9月	8月	7月	6月	5月	4月	3月	2月	1月	
休眠期	生育緩慢	生育期		休眠期			生育期		生育緩慢	休眠期		**生育状況**
日当たりのよい屋内	風通しのよい日向			雨の当たらない風通しのよい半日陰			風通しのよい日向			日当たりのよい屋内		**置き場所**
葉水を1カ月に1～2回	表土が乾いたらたっぷりと			10日に1回程度、軽く水やりを		徐々に減らす	表土が乾いたらたっぷりと		徐々に増やす	葉水を1カ月に1～2回		**水やり**
	植え替え、株分け、切り戻し、挿し芽、葉挿しなど						植え替え、株分け、切り戻し、挿し芽、葉挿しなど					**作業**

春秋型

ダシフィルム（別名：姫星美人）

Sedum dasyphyllum

深緑色の小さな葉がぎっしりつき、冬に紫色に紅葉します。蒸れに注意。

春秋型

斑入り

タイトゴメ
（大唐米）

Sedum japonicum ssp. *oryzifolium*

日本、北東アジアの海岸の岩場などに群生。米粒のような葉がびっしりつきます。

春秋型

斑入り

パリダム（別名：真珠星万年草）

Sedum pallidum

細かい葉が密集し、初夏に白い花が咲きます。斑入りは淡い緑と紫色の葉が特徴。

春秋型

‘パープルヘイズ’
（別名：大型姫星美人）

Sedum dasyphyllum ‘Purple Haze’

ダシフィルムの仲間で、やや大型。紫色に紅葉します。夏の蒸れに注意。

春秋型

虹《にじ》の玉《たま》

Sedum rubrotinctum

ぷっくりしたツヤのある葉は、秋～冬に鮮やかな赤色に。枝が伸びる品種。

春秋型

‘マジョール’

Sedum dasyphyllum ‘Major’

ダシフィルムの仲間で、小さな丸い葉が密集し、小型のロゼットが群生します。

春秋型

ブレビフォリウム

Sedum brevifolium

白い粉をまとった小さな葉が密集します。幹立ちして伸びていきます。

春秋型

ビアホップ
（別名：姫玉つづり、新玉つづり）

Sedum burrito

白緑色のつぶつぶの葉がぎっしりつき、茎が伸びて枝垂れます。

春秋型

斑入り

黄金丸葉万年草

丸《まる》葉《ば》万年草《まんねんぐさ》

Sedum makinoi

日本、中国、朝鮮半島に分布。葉は小さくて丸く、園芸種には斑入りや黄金葉があります。牧野富太郎にちなんだ学名。

春秋型

モリムラマンネングサ

Sedum japonicum 'Morimura'

日本では岩場などに分布。ツヤのある小さな葉が密集します。

春秋型

メキシコマンネングサ

Sedum mexicanum

丈夫で、地植えでもどんどん増えます。春に黄色い花が咲きます。黄金葉品種はゴールドビューティの名も。

春秋型

銘月《めいげつ》（別名：アドルフィー）

Sedum adolphi

葉は大きめでツヤがあり、黄緑色。幹立ちし、枝分かれして伸びていきます。

春秋型

'レッドベリー'

Sedum rubrotinctum 'Red Berry'

赤いツヤのある小さな葉が、枝の先にみっちり集まります。虹の玉の小型版。

春秋型

ルベンス'リザード'

Sedum rubens 'Lizard'

ルベンスの園芸種。シルバーがかった紡錘形の葉は、秋にやや紫色を帯びます。

春秋型

リネアレ

（別名：オノマンネングサ、細葉万年草）

Sedum lineare

日本原産のセダム。覆輪品種は、姫笹または覆輪万年草と呼ばれます。

春秋型

‘ロッティ’

Sedum ‘Rotty’

むちっとしたツヤのある葉がロゼットに。セダムのなかでは大型の品種です。

春秋型

レフレクサム

Sedum reflexum

シルバーグレーの葉は、針葉樹を思わせます。丈夫で、古くから親しまれています。

春秋型

フェディムス コーカサスキリンソウ‘トリカラー’

Phedimus spurium ‘Tricolor’
(*Sedum spurium* ‘Tricolor’)

5㎜ほどの小さな緑の葉に白と赤の斑が入り、秋に赤く色づきます。

【セダムに近い品種】

原産地　主にヨーロッパ、中央アジア

特徴　フェディムスは以前はセダム属に含まれていましたが、分子系統学的な研究の結果、別の属が立てられました。グラプトセダムは、グラプトペタルムとセダムの属間交配種で、小型のロゼットを形成します。

育て方のコツ　どちらも生育旺盛で丈夫で、関東以西では冬季の露地栽培も可能。グラプトセダムのなかには梅雨や夏の多湿が苦手な品種があるので、夏の水やりを控えて育てます。

春秋型

グラプトセダム‘カリフォルニアサンセット’

Graptosedum ‘California Sunset’

夏は茶色がかった淡い緑色、気温が下がるとオレンジがかった赤に紅葉。

春秋型

グラプトセダム 桜《さくら》牡《ぼ》丹《たん》

(別名：ゴースティ)

Graptosedum ‘Ghosty’

葉は肉厚で、ブルーがかった色味とほんのり桜色のコントラストが優美。

春秋型

フェディムス‘ドラゴンズブラッド’

Phedimus spurium ‘Dragon's Blood’
(*Sedum spurium* ‘Dragon's Blood’)

丸みを帯びた葉は濃い赤紫色に。冬季は葉が落ち、春に新芽が伸びます。

【アエオニウム属】
Aeonium

原産地　カナリヤ諸島、東アフリカ、アラビア半島

特徴　灌木のように茎が伸び、その先にロゼット状の葉をつけます。大型になる品種も多く、存在感が抜群。葉色が豊富です。

育て方のコツ　代表的な冬型のグループ。夏の直射日光や暑さに弱いので、夏は木陰や軒下などで管理をし、水やりは止めます。日当たりが悪いと葉色が悪くなりますが、強い日差しを受けると葉焼けするので注意を。冬は最低気温が5℃以下にならない場所で管理を。

冬型

アイクリソン・トルツォーサム
Aichryson tortuosum (Aeonium tortuosum)

アイクリソンはアエオニウムに近い属。葉に産毛が生え、枝が曲がって伸びます。

冬型

リンドレー
Aeonium lindleyi

よく分枝し、茎の先に産毛に覆われた葉がロゼット状につき、冬は紅葉します。

冬型

夕《ゆう》映《ば》え
Aeonium decorum f.variegata

新芽はクリームイエロー、成長期は緑の葉の縁が紅色に。寒さには弱いです。

冬型

黒《くろ》法《ほう》師《し》
Aeonium arboreum 'Zwartkop'

ツヤのある黒紫色の葉色が特徴。日照が足りないと緑色になります。

アエオニウム属（冬型）の栽培カレンダー

12月	11月	10月	9月	8月	7月	6月	5月	4月	3月	2月	1月	
生育期		生育緩慢		休眠期			生育緩慢	生育期				生育状況
日当たりのよい屋内	風通しのよい日向			涼しく明るい半日陰			風通しのよい日向			日当たりのよい屋内		置き場所
表土が乾いたらたっぷりと		徐々に増やす		1カ月に2回程度、表土が軽く湿るくらい			徐々に減らす	表土が乾いたらたっぷりと				水やり
植え替え、株分け、切り戻し、挿し芽、葉挿しなど												作業

夏型

蒼《あお》い真珠《しんじゅ》（別名：白姫の舞）

Kalanchoe marnieriana

丸みのある二枚貝の貝殻のような葉が重なるようにして密集します。花は赤。

【カランコエ属】

Kalanchoe

原産地　マダガスカル島、アフリカ東部・南部、アラビア半島、東アジア、東南アジア

特徴　葉にビロードのような産毛が生えているものや、平たい葉、葉に切れ込みがあるなど、個性的な葉姿の品種が多いグループ。秋～冬に花をつけ、夏型が中心で、比較的寒さに弱い品種もあります。小型品種から2mを超えるものもあります。

育て方のコツ　真夏以外はよく日に当てて育てます。冬の休眠期は、明るい室内など10℃以下にならない場所で、断水気味に管理します。

春秋型

黒錦蝶《こくきんちょう》

Kalanchoe beauverdii

黒紫色の細長い葉が特徴。ベル型の花も黒紫色。放置しておくと1mを超えます。

夏型

‘ゴールデンガール’

（別名：ゴールデンラビット、黄金月兎耳）

Kalanchoe tomentosa ‘Golden Girl’

月兎耳に似ており、産毛が黄色みを帯びています。

夏型

胡蝶の舞錦

夏型

月《つき》兎《と》耳《じ》

Kalanchoe tomentosa

トメントーサ種の基本種で、細長い葉と産毛が特徴。高温多湿が苦手です。

夏型

仙人《せんにん》の舞《まい》

Kalanchoe orgyalis

葉は大きめで、表面を褐色の産毛が覆っています。

胡蝶《こちょう》の舞《まい》

Kalanchoe laxiflora

葉の縁にギザギザが入るのが特徴。秋には紅葉し、ベル状の朱色の花が咲きます。

夏型

福兎耳《ふくとじ》（別名：白雪姫）
Kalanchoe eriophylla

葉は白い産毛に覆われ、フェルト状。ピンクの可憐な花を咲かせます。

夏型

野《の》うさぎ
Kalanchoe tomentosa 'Nousagi'

月兎耳より葉が短く、葉色が全体に濃く、ややワイルドなイメージ。

夏型

デザートローズ錦（別名：唐印錦）
Kalanchoe thyrsiflora f.*variegata*

デザートローズの斑入り種。大きな葉は白い粉で覆われ、秋～冬は紅葉します。

夏型

ミロッティ
Kalanchoe millotii

葉は白い産毛に覆われ、フェルトのよう。葉形に特徴があり、花は白色。

夏型

ベハレンシス（別名：仙女の舞）
Kalanchoe beharensis

葉は大きく、縁が波打ち褐色に。放置すると高さ2mくらいになります。

夏型

プミラ（別名：白銀の舞）
Kalanchoe pumila

白い粉で覆われた銀葉が美しく、ピンク色の花との対比が優美です。

カランコエ属（夏型）の栽培カレンダー

12月	11月	10月	9月	8月	7月	6月	5月	4月	3月	2月	1月	
休眠期		生育緩慢			生育期			生育緩慢		休眠期		生育状況
日当たりのよい屋内				風通しのよい日向				徐々に日当たりのよい屋外へ		日当たりのよい屋内		置き場所
断水		徐々に減らす		表土が乾いたらたっぷりと				徐々に増やす		断水		水やり
				植え替え、株分け、切り戻し、挿し芽、葉挿しなど								作業

【コチレドン属】
Cotyledon

原産地　アフリカ
特徴　葉は肉厚で、表面に産毛のような微毛が生えています。ふっくらしたかわいらしいフォルムのものもあり、茎が伸びて木質化し、木立ち状になるものも多くあります。
育て方のコツ　梅雨の長雨に当てないよう、軒下などで管理を。夏の高温多湿が苦手なので、夏は直射日光を避けて風通しをよくし、水は控えめに育てます。葉挿しは成功しにくいので、増やしたい場合は挿し木がおすすめ。

夏型

銀《ぎん》波《ぱ》錦《にしき》
Cotyledon orbiculata var. *oblonga*

銀緑色の扇状の葉は、縁が波打ちます。葉に水をかけないように。

春秋型

子《こ》猫《ねこ》の爪《つめ》
Cotyledon tomentosa ssp. *ladismithensis* 'Konekonotsume'

ツンと飛び出た葉先が爪のよう。オレンジ色の愛らしい花が咲きます。

春秋型

熊《くま》童《どう》子《じ》
Cotyledon tomentosa ssp. *ladismithiensis*

ふっくら膨らんだ葉の先が紅色に染まります。夏の高温多湿が苦手。

春秋型

福娘《ふくむすめ》
Cotyledon orbiculata var. *oophylla*

白い粉をまとった葉は、縁が紅色に。花は釣り鐘状で、鮮やかなオレンジ色。

春秋型

福だるま（別名：ふっくら娘）
Cotyledon orbiculata 'Fukudaruma'

葉は肉厚でふっくらし、白い粉に覆われています。

春秋型

ゴルビュー（別名：花かんざし）
Cotyledon papillaris

鮮やかな緑色の葉の縁に、黒紫色のラインが入ります。朱色の釣り鐘状の花も可憐。

春秋型

ペンデンス

Cotyledon pendens

粒状の葉は、先がほんのり紅色に。這うように伸び、赤い花が咲きます。

春秋型

‘ペパーミント’

Cotyledon orbiculata ‘Papaer Mint’

大きな葉は銀白色で存在感抜群。木立ち状に大きく育ち、成長するにしたがい白さを増します。

コチレドン属（春秋型）の栽培カレンダー

12月	11月	10月	9月	8月	7月	6月	5月	4月	3月	2月	1月	
休眠期	生育緩慢	生育期		休眠期			生育期		生育緩慢	休眠期		**生育状況**
日当たりのよい屋内	風通しのよい日向			雨の当たらない風通しのよい半日陰			風通しのよい日向			日当たりのよい屋内		**置き場所**
葉水を1カ月に1～2回	表土が乾いたらたっぷりと			10日に1回程度、軽く水やりを		徐々に減らす	表土が乾いたらたっぷりと		徐々に増やす	葉水を1カ月に1～2回		**水やり**
	植え替え、株分け、切り戻しなど					植え替え、株分け、切り戻しなど						**作業**

春秋型

‘オビリデ’

Pachyphytum ‘Ovride’

ぷっくりした葉はやや細長く、ピンクがかった薄紫色に紅葉します。

【パキフィツム属】

Pachyphytum

原産地　メキシコの山岳地域

特徴　エケベリアに近いグループで、葉はぷっくり肉厚で丸みを帯び、うっすら白い粉を帯びるのが特徴。寒さには比較的強いので、関東以西の平野部では冬も軒下などで育てられます。

育て方のコツ　日照不足だと葉色が悪くなるので、生育期にはよく日を当てます。多湿が苦手なので、梅雨時期は水やりを控えめに。白い粉は触ると落ちてしまうので、植え替えなどのときは葉を触らず、茎を持つようにします。

春秋型

コンパクツム（別名：千代田の松）

Pachyphytum compactum

彫刻刀で削ったような、多面体の葉が特徴。秋以降、紫色に紅葉します。

春秋型

月花美人《げっかびじん》

Pachyphytum
'Gekkabijin'

葉は幅広で、秋にうっすら紫色に紅葉します。日照不足だと徒長するので注意。

春秋型

桃美人《ももびじん》

Pachyphytum 'Momobijin'

ふっくらした葉の先はピンク色に染まり、秋になるとピンクが濃くなります。

春秋型

月美人《つきびじん》

Pachyphytum oviferum 'Tsukibijin'

楕円形のぷっくりした葉は、紅葉するとピンク色に染まります。

パキフィツム属（春秋型）の栽培カレンダー

12月	11月	10月	9月	8月	7月	6月	5月	4月	3月	2月	1月	
休眠期	生育緩慢	生育期		休眠期			生育期		生育緩慢	休眠期		生育状況
日当たりのよい屋内	風通しのよい日向			雨の当たらない風通しのよい半日陰			風通しのよい日向			日当たりのよい屋内		置き場所
葉水を1カ月に1～2回	表土が乾いたらたっぷりと			10日に1回程度、軽く水やりを		徐々に減らす	表土が乾いたらたっぷりと		徐々に増やす	葉水を1カ月に1～2回		水やり
	植え替え、株分け、切り戻し、挿し芽、葉挿しなど						植え替え、株分け、切り戻し、挿し芽、葉挿しなど					作業

さまざまな科の多肉植物

ベンケイソウ科以外の多肉植物の
代表的な科と属をご紹介します。

春秋型の栽培カレンダーはP141、
夏型の栽培カレンダーはP151、
冬型の栽培カレンダーはP159に準じます。

スベリヒユ科

【アナカンプセロス属】

Anacampseros

原産地　アフリカ南部

特徴　比較的小さな品種が多く、地表に群生します。ぷちぷちした粒のような葉のものや、茎が蛇のように伸びるもの、葉先にヒゲが出るものなど、ユニークな形状のものもあります。育てやすく、丈夫です。

育て方のコツ　日当たりと風通しのよい場所で育てます。夏の高温多湿は苦手なので、夏は半日陰で管理を。冬は5℃以下になったら、日当たりのよい室内で冬越しさせます。

春秋型

茶傘《ちゃがさ》

Anacampseros crinita

玉状の葉が集まり、葉先にヒゲが伸びます。紅葉期には茶色がかった紫色になります。

春秋型

吹雪《ふぶき》の松《まつ》

Anacampseros rufescens

葉の表は鮮やかな緑で、葉裏はやや紫色を帯びます。紅葉期にはシックな赤紫色に。

春秋型

桜《さくら》吹雪《ふぶき》

Anacampseros rufescens f.*variegata*

吹雪の松の斑入り品種。紅葉期には鮮やかなピンク色に。初夏にピンク色のかわいい花が咲きます。

【ポーチュラカ属】

Portulaca

原産地　主に中南米

特徴　さまざまなタイプがあり、いわゆる多肉植物や、小さな塊根をつくる品種もあります。日本で昔からよく見かけるマツバボタンや「ポーチュラカ」の名前で売られている鮮やかな花色の花をつける植物もこの仲間です。

育て方のコツ　日当たり、風通しよく育てます。寒さに弱いので、5℃以下になったら、小型ビニールハウスか、日当たりのよい室内で冬越しさせます。

夏型

ウェルデルマニー

Portulaca werdermannii

株全体が白い糸で覆われる、ユニークな姿が特徴。5〜10月、濃いピンク色の花が咲きます。

【ハオルチア属 Haworthia】

原産地　南アフリカ、モザンビーク

特徴　自生地では岩陰や木の根元など、直射日光が差さないところで育ちます。透明な〃窓〃を持つ「軟葉《なんば》系」と、硬い葉の「硬葉《こうば》系」、葉に白い毛がつく「レース系」のほか、上部を切断したような葉形のものもあります。

育て方のコツ　多くの品種が直射日光に弱いので、軒下などの明るい半日陰で管理。寒さに弱いので、5℃以下になったら、レースのカーテンを引いた窓辺など、日当たりのよい室内で冬越しさせます。

オブツーサ *Haworthia cooperi* var. *truncata*

オブツーサとは旧属名で、透明な“窓”がある「軟葉系」の代表品種。

スプレンデンスhyb.
Haworthia splendens hyb.

肉厚で、紫やピンクが混じった銅色の葉が特徴。

十二《じゅうに》の巻《まき》
(別名:ファスキアータ、鳳凰の舞)
Haworthia fasciata
'Jyuni-no-maki'

「硬葉系」のファスキアータ(ファシアータ)種の基本的な品種。葉の外側に白い縞模様が入ります。

ペンタゴナ
Haworthia pentagona
(Astroloba pentagona)

先が尖った細長い葉形で、紅葉すると紫がかります。アストロロバ属という説もあります。

ピリフェラ錦
Haworthia cooperi var.
pilifera f.variegata

鉱物の結晶を思わせる立体的で縦長の葉が特徴。本種は基本種ピリフェラの斑入り種。白い筋が魅力。

子《こ》宝錦《だからにしき》 *Gasteria gracilis* var. *minima f.variegata*

白い斑がある舌のような形の葉が重なり、扇状に広がります。名前の通り子株がよく増えます。

【ガステリア属】Gasteria

原産地　南アフリカ、ナミビア

特徴　アロエに近い種。扁平でひじょうに肉厚な葉を、左右対称か放射状に広げます。春～夏に花茎を伸ばして花をつけますが、その花の形が胃袋に似ていることが学名の由来です。

育て方のコツ　生育型は夏型ですが、日本の高温多湿な夏は苦手なので、風通しのよい半日陰などで育てます。冬は5℃以下になったら、日当たりのよい室内で冬越しさせます。

メセンブリアンセモイデス（別名：玉翡翠《たまひすい》）
Bulbine mesembryanthemoides

ガラスのような透明な“窓”が特徴。花は黄色です。

【ブルビネ属】Bulbine

原産地　南アフリカ

特徴　地下に小さな塊根を持つもの、葉がねじれた針金状のもの、ロゼットをつくるもの、舌のような形のものなど、さまざまなユニークな葉形の品種があります。

育て方のコツ　秋～春の生育期は水を欲しがるので、完全に土が乾く前に水やりをします。冬は霜に当てないように。夏の休眠期に蒸れないよう、風通しのよい半日陰で管理し、水やりは控えます。

キジカクシ科

雷神《らいじん》 *Agave potatorum*

美しいロゼット型になる品種。斑入りの「雷神錦」「姫雷神」など、さまざまな園芸品種があります。

【アガベ属】Agave

原産地　中南米、米国南西部、西インド諸島

特徴　先の尖った葉がロゼット状に広がり、葉の縁にトゲがある品種もあります。アガベ属のなかには、テキーラ酒の原料となるものも。開花までに10年～数十年かかり、開花すると親株は枯れます。リュウゼツラン属と呼ばれることもあります。

育て方のコツ　蒸れを嫌うので、夏は風通しのよい場所で管理を。乾燥気味を好むので、軒下など長雨に当たらない場所に置きます。

ハマミズナ科の植物のうち、観賞用の多肉植物を総称して「メセンの仲間」と呼び、120属以上が含まれます。

メセンの仲間

ハマミズナ科

【コノフィツム属】Conophytum

冬型

秋《あき》映《ば》え *Conophytum* sp.

ぷっくりした足袋型で、葉先がうっすら赤く色づきます。濃いオレンジ色の花が咲きます。

原産地　南アフリカやナミビアの乾燥地

特徴　葉と茎が一体化した個性的な形で、「生ける宝石」と呼ばれることも。休眠期に入る前、外側の葉が枯れて保護層となり、生育期にそのなかから新しい葉が出てくるさまは「脱皮」のよう。園芸品種が多く、由来や名前が曖昧なケースもあります。花も魅力。

育て方のコツ　休眠期の夏も断水せず、月に3~4回は水をやるように。秋の生育期になると、脱皮が始まります。

冬型

ペルシダム ネオハリー
Conophytum pellucidum var. *neohallii*

根元は緑色で、頂部には複雑な網目模様が入ります。

冬型

走《そう》馬《ま》灯《とう》
Conophytum 'Soumatou'

足袋型の品種で、マーガレットのようなピンク色の花も魅力。

冬型

小《こ》笛《ぶえ》
Conophytum corniferum

丸っこい足袋型の品種。花は黄色です。

【リトープス属】Lithops

冬型

李《り》夫《ふ》人《じん》 *Lithops salicola*

オリーブがかった灰緑色で、茶や紫を帯びた品種もあります。秋に白い花が咲きます。

原産地　アフリカの乾燥地

特徴　岩の割れ目などで生育。1対の葉と茎が一体化した形状は、動物の目を欺くため石に擬態しているという説も。休眠期に入る前、春に脱皮します。愛好家も多く、多彩な園芸品種が作出されています。

育て方のコツ　生育型は春秋型に近い冬型となります。春~秋、風通しと日当たりのよい場所で管理。猛暑期には水やりを控えめに。冬は5℃以下になったら室内で管理。

【チタノプシス属】Titanopsis

天女（別名：カルカレア） *Titanopsis calcarea*

ブルーグレーのへら状の葉の先のほうに、ぶつぶつ突起があります。夏の多湿は苦手です。

原産地　南アフリカからナミビアの乾燥地

特徴　半ば埋まるように生育し、肉厚の葉に水を溜めます。ロゼット状になり、葉にイボのような突起があるのが特徴。花が美しいものが多く、ユニークな葉に加え花も魅力です。

育て方のコツ　日本では、生育型は冬型になります。通年、水は控えめにし、夏はとくに控えめに。生育期はしっかり日に当て、夏は風通しのよい半日陰で管理しましょう。

【フォーカリア属】Faucaria

怒《ど》涛《とう》 *Faucaria tuberculosa* 'Dotou'

葉の縁にはトゲがあり、葉の表面にコブのような突起が出てごつごつした質感です。

原産地　南アフリカ

特徴　葉は肉厚で三角形に近く、縁にのこぎりの刃のようなトゲがあるものなど、存在感のある葉の品種が主流。デージーのような花が咲きます。比較的寒さに強く、丈夫です。

育て方のコツ　過湿に弱いので、排水のよい用土で、風通しよく育てます。通年、水は控えめにし、夏はとくに控えめに。生育期はしっかり日に当て、夏は風通しのよい半日陰で管理しましょう。

【ベルゲランタス属】Bergeranthus

マルチセプス（別名：三時草、照波）
Bergeranthus multiceps

葉は細く、先が尖ります。午後遅くに開花するので「三時草」の園芸名で呼ばれます。

原産地　南アフリカの乾燥地

特徴　肉厚の葉に、しっかりと水分を溜め込みます。丈夫で育てやすく、寒さにも比較的強いので、関東以西の平野部では屋外で冬越しできます。美しい花が見どころの「花メセン」のグループ。

育て方のコツ　生育型は冬型なので、休眠期の夏の間は水やりを控え、月に数回さっと土を濡らす程度の水やりにしましょう。冬はよく日に当てるように。

【セネシオ属 Senecio】

原産地　世界各国

特徴　キク科最大の属で、葉形は球体、矢尻のような形、茎だけのものなど多彩です。自生地の環境が異なるため、生育型は春秋型、夏型、冬型といろいろですが、育てやすいものが多く丈夫です。

育て方のコツ　夏は風通しのよいところで管理を。冬型の場合、関東以西の平野部では霜に当てなければ屋外で冬越しできるものもあります。

グリーンネックレス（別名：緑の鈴）

Senecio rowleyanus

葉は玉状で鈴のよう。茎がよく伸びて垂れて育ち、丈夫です。斑入り種もあります。

万宝《まんぼう》

Senecio serpens

茎は10cmほど伸び、その先に青緑色の円筒形の葉をつけます。高温多湿は苦手。

紫蛮刀《しばんとう》
（別名：紫竜《しりゅう》）

Senecio crassissimus

刀のような葉を広げ、茎が伸びて木立ち化します。秋は葉が紫色に色づきます。

ヤコブセニー

Senecio jacobsenii

肉厚のスプーン型の葉がつらなり、茎が垂れていきます。気温が下がると赤紫色に紅葉。

美空《みそら》の鉾《ほこ》

Senecio antandroi

ブルーがかった細い葉が上に向かって伸びていきます。成長すると木立ち化します。

【オトンナ属】Othonna

原産地　オーストラリアやアフリカ南部

特徴　キク科の一属で、コーデックス（塊根植物）として扱われるものも多くあります。葉形も球形から軟らかく広い葉まで、さまざまです。

育て方のコツ　生育型は冬型で、関東以西の平野部では霜や強い北風に当てなければ屋外で冬越しできる種類もあります。夏の休眠期は水やりをやめ、余り乾燥するような場合は葉水を与えます。

‘ルビーネックレス’（別名：紫月）
Othonna capensis ‘Ruby Necklace’

三日月型の葉がつらなり、ネックレス状に。とても丈夫で、秋に葉が紫色に紅葉します。

シソ科

【プレクトランサス属】Plectranthus

原産地　アフリカ南部、マダガスカル、オーストラリアなどの熱帯、亜熱帯地域

特徴　一年草から多年草、低木になるものまで、さまざまなタイプの種が含まれており、美しい花が咲くものも。多肉植物として扱われるものは、少ししかありません。

育て方のコツ　真夏以外は、しっかりと日に当てましょう。高温多湿は苦手なので、夏は風通しよく。休眠期は水を控えます。

アロマティカス
Plectranthus amboinicus

丈夫で繁殖力が旺盛。ミントに似た爽やかな香りがあります。5℃以下になったら室内で管理を。

サボテン科

【リプサリス属】Rhipsalis

原産地　北米南部〜南米、アフリカやアジアなどの熱帯地域

特徴　原産地では、山岳地域で岩や樹木に着生して育ちます。細い茎に節ができ、伸びると垂れていき、独特の姿をしています。

育て方のコツ　自生地では日陰で育つため直射日光が苦手。明るい室内で栽培することも可能です。空中湿度は好みますが、土が過湿になるのは嫌うので、休眠期は水やりを控えましょう。

エワルディアナ *Rhipsalis Ewaldiana*

三角柱の茎が、分枝して伸びていきます。あまり垂れさがらない品種です。

(上) 4月の温室内の様子。多肉植物の種類が豊富で、ミニ苗から大きめの苗まで多様な苗を販売。
(下) セダム類だけでも、ここまで多種多様な品種が揃っている。

Information

河野自然園 農園ハウス

ガーデンデザインや施工などを手掛ける河野自然園では、多肉植物の生産・販売も行っています。広々とした農園ハウス内には、多肉植物の苗や季節の草花苗がぎっしり。品揃えが豊富です。寄せ植えなどの作品の展示もされているので、参考になるはず。また、多肉植物を使った寄せ植えやリースなどの講座なども行っています。

神奈川県横浜市港北区
新羽町 4254
https://kyukon.com
＊営業時間等詳細は
ホームページをご覧ください。

温室内にはスタッフによる作品も展示されているので、寄せ植えなど作品づくりの参考になる。

【多肉植物名索引】

※本書に登場する多肉植物のみを扱っています。 **太字**=属名、仲間　赤文字=図鑑ページで紹介　緑文字=別名

育てて楽しみ広がる
多肉植物

監修　河野自然園　こうのしぜんえん

代表はガーデンデザイナーの井上まゆ美。多肉植物がまだあまり一般的ではなかった1990年代から多肉植物の生産・販売を開始。多肉植物の寄せ植えなど、楽しみ方を提案するレッスンも随時開催している。また宿根草、一年草などの苗の販売をはじめ、造園・ガーデンデザインなどの事業や、ハンギングバスケット・寄せ植えのレッスン開講など、ガーデニング全般の普及にも力を尽くし、プロを目指せるハンギングマスター養成講座なども行っている。

寄せ植え作品　井上まゆ美
笠井陽子
竹田 薫
田代耕太郎
大橋朝子
北 多加子
山室秀子

編　集　マートル舎
篠藤ゆり
伴富志子
秋元けい子
撮　影　竹田正道
イラスト　梶村ともみ
デザイン　高橋美保
企画・編集　成美堂出版編集部

協　力　住友化学園芸（株）
川口 現
（株）カクト・ロコ
いとうぐりーん
渡邉由紀

育てて楽しみ広がる多肉植物

監　修　河《こう》野《の》自《し》然《ぜん》園《えん》
発行者　深見公子
発行所　成美堂出版
〒162-8445　東京都新宿区新小川町1-7
電話(03)5206-8151　FAX(03)5206-8159
印　刷　TOPPAN株式会社

ISBN978-4-415-33389-2
落丁·乱丁などの不良本はお取り替えします
定価はカバーに表示してあります